устами народа

# СТРАДАЛЕЦ ЖИЗНИ ПОЛОВОЙ

*Озорные стихи*

Москва
«КОЛОКОЛ-ПРЕСС»
2000

УДК 882
ББК 84(2Рос-Рус)6-44
А26

Составитель
*АХМЕТОВА ТАТЬЯНА ВАСИЛЬЕВНА*

*Художник И.А. Озеров*

ISBN 5-7117-0395-1 © Т.В. Ахметова, 2000

# НАШИ СОВРЕМЕННИКИ

### Евгений Булкин

# ЛУКА МУДИЩЕВ XX ВЕКА

## ЧАСТЬ ПЕРВАЯ

Героев новых мы не ищем.
Но все ж теперь двадцатый век,
И наш герой, Лука Мудищев, —
Простой советский человек.

Он вел свое происхожденье
От знаменитого Луки,
Пред кем в ебальном обхожденье
Иные меркли мудаки.

Не стоит, право, огорченья,
Что он погиб, вдову ебя.
Без социального значенья
Он ебся только для себя!

А как еблись его потомки?
О том не скажет фолиант.
Старорежимные потемки
Гасили творческий талант.

Но с дедом нашего героя
Наружу всплыл старинный род.
Дед шел на Зимний, матом кроя,
И вел трудящийся народ.

Вот, пробегая Эрмитажем,
Увидел дед нагих Венер —
И встал колом, и прямо скажем:
Прорвал портки могучий хер.

И все замолкли в Белом зале,
А три-четыре буржуя
На месте в обморок упали
От пролетарского хуя.

«Вот то-то, гады, кровососы,
Таких не знали вы хуев!»
И подоспевшие матросы
Связали бледных буржуев.

Наследовал лихому деду
Отец Луки — большой спортсмен.
Международную победу
Ему принес могучий член.

В багряной майке, в красных гетрах
Он у Парижа на виду
С разбегу ровно в двадцать метров
Попал без промаха в пизду.

Боролся он за честь «Динамо»;
И при растерянном судье
Побил он турка Ибн-Хуйяма
С французом Шарлем де Мудье.

И стадион рычит и свищет,
И злобствует имперьялист —
«Виват, виват, месье Мудищев,
Простой советский фуйболист!»

Вот так служил Мудищев-папа
Стране рабочих и крестьян.
Но в дни дальнейшего этапа
Нашли в Мудищеве изъян.

Без снисхожденья, без улыбки
Тогда Россию Сталин еб...
(Притом отдельные ошибки
Он допускал, вгоняя в гроб.)

За славу прежнюю сторицей
Мудищев платится в беде.
Его за связи с заграницей
В ночи свезли в НКВД.

За что понес он наказанье? —
В тридцатом будто бы году
На заграничном состязанье
Попал в нерусскую пизду.

Известно, следствие — не сахар.
Назвав Мудищева врагом,
Его подвешивали за хер
И били в яйца сапогом.

Но получилась неустойка:
Трещал сапог, трещал канат,
Но мощный хуй держался стойко:
Так, как за Родину стоят.

И отступилися злодеи,
«Ебена матерь!» говоря,
А бедный мученик идеи
Поехал прямо в лагеря.

С ним отбывала срок приличный
Стукачка — русская звезда,
В пылу победы заграничной
Им обойденная тогда.

Подобно многим нашим папам
Пошел Мудищев — топ да топ —
По лагерям да по этапам,
А иногда стукачку еб.

Родился сын. Вот было звону,
И зеки были так горды,
Что наш герой явился в зону
Не через шмон, а из-за пизды.

В нем совместились сверх программы
В одну балду и два яйца
Патриотизм стукачки-мамы
С идейной стойкостью отца.

И хуй двойного патриота,
Поднявши голову свою,
Уже из женщин на кого-то
Направил дерзкую струю.

...Но наконец пришла свобода.
Стукачка-мамочка с Лукой
И папа — бывший враг народа —
Нашли заслуженный покой.

Пока Луку учила школа,
Отец писал большой трактат —
«Россия — родина фуйбола»,
Местами вкрапливая мат.

Была мила ему работа
И прибавляла новых сил.
«Судью на мыло! Хуй в ворота!» —
Он, забываясь, голосил.

А если денег не хватало
И мать продалбливала плешь,
Отец говаривал устало:
«Хоть хуй на пятачки нарежь!»

И мать, освоив эту штуку, —
Раздобывала пятаки...
Меж тем Лука догрыз науку
И поступил в крановщики.

Росли дома под песнь металла,
И кран шагающий шагал.
Когда в машине заедало,
Мудищев хуем помогал.

Когда стотонновые клади
Вздымал над миром юный хуй,
Внизу собравшиеся бляди
Воздушный слали поцелуй.

Но для Луки был слишком узок
И слишком мелок блядский круг,
Среди общественных нагрузок
Распределял он свой досуг.

Он с детских лет мечтал о славе,
Свой хуй на подвиги растил.
Комсоргу Целочкиной Клаве
Он взносы членские платил.

Друзья, не думайте дурного.
Промежду ними — это факт —
Все было чисто и здорово:
Не просто ебля, а контакт.

Когда встречались романтично
Они под сению берез,
То у Луки стоял обычно
Серьезный жизненный вопрос.

Луку звала и вдохновляла
В те дни романтика побед.
И Клава с радостью давала
Луке продуманный ответ.

За широту, за смелость взглядов
И за размах активных крыл
Сам секретарь обкома Лядов
Ее отечески любил.

Ему расхваливала Клава
Лукашкин хуй, но местный вождь
Лишь усмехался величаво,
Не веря в этакую мощь:

«Хоть хуй и славится в народе,
Но думать надо головой!»...
Но вот однажды на заводе
Сломался молот паровой.

Сысой Самсонович Елдыкин,
Усатый мастер-кадровик,
Ввалился в цех со взором диким —
И смолкла молодежь на миг.

Все ждали действенного слова,
И мастер, голову склоня,
Промолвил с горечью: «Хуёво.
Выходит с нормою хуйня.

Какого хуя здесь, в цеху я?
Хуй знает! Стар уж, видно, я.
Стоит работа вроде хуя,
Не стоит молот ни хуя.

Все смехуечки наверху им,
А нам — чем хочешь, тем и куй?
А чем ковать? Вот разве хуем,
Да хуй ли сыщешь этот хуй!»

Вмешалась Клава: «Плакать рано! —
Она сказала старику. —
Нам надо с башенного крана
Позвать Мудищева Луку!»

В порыве дерзком и горячем
Вбежал Лука: «А хуй ли нам?!
А хуй ли? Хуем захуячим,
И всю хуистику к хуям!»

...В тот день, усталый от дебатов,
От заседаний и забот,
Глава обкома Е.Б. Лядов
Решил заехать на завод.

Он знал уже, что сломан молот,
Но видит вдруг: у входа в цех
Старик Елдык, от счастья молод,
К нему бросается: «Успех!

Кует ху...дожественно малый!
Глядите сами: парень-гвоздь!»
И перед сценой небывалой
Окаменел высокий гость.

Сияли яйца синим светом,
Как будто пара крупных сфер.
Ритмично в воздухе нагретом
Вздымался ввысь громадный хер.

Какой-то миг над наковальней
Он раскаленно трепетал
И всею силою обвальной
Отвесно падал на металл.

Кипела славная работа,
И знать не мог тогда Лука,
Что в ней космическое что-то
Уже мерещилось слегка.

Гудок. К концу приходит смена.
Поссав на сломанный мотор,
Лука достойно и степенно
Свой молот ветошью протер,

И, в брюки ватные упрятав,
Ширинку скромно застегнул.
Тогда Егор Борисыч Лядов
К Луке с объятьями шагнул:

«Что ж ты скрывал елду такую?
Послушай, парень, и учти:
Такому доблестному хую
У нас открыты все пути!

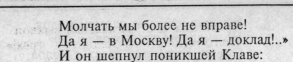

Молчать мы более не вправе!
Да я — в Москву! Да я — доклад!..»
И он шепнул поникшей Клаве:
«Не для тебя подобный клад».

Но смерчем нового запала
Уже подхвачен был слегка
Мудищев. С плеч его ниспала
Руководящая рука.

В дверях румянилась, как роза,
Навозцем пахшая весьма,
Доярка ближнего совхоза —
Фуйнедодоева Фатьма.

Постойте! Я соображаю...
Совхоз не сразу назовешь.
Он звался «Нет — неурожаю!»,
Ветхоподштанниково — тож.

Туда бросали на картошку
Крановщиков; и под шумок
Фатьма давала понемножку
Луке... сметану и творог.

«Лука! — Фатьма завыла рьяно. —
Ты можешь все, а мы — ку-ку!
Не выполнить совхозу плана
По мясу и по молоку!

Быки иссохли от соломы!
Ни на хуй нам не помогли
Историки и астрономы
И двести шефов из ИМЛИ!

Нет предпосылок для удою,
Не заготовлены корма! —
Ревела глоткой и пиздою:
Фуйнедодоева Фатьма. —

Трехтонка ждет! И каждый выхлоп
Полтинник стоит! Медлить — грех!»
...И за Лукой пошла на выход
Толпа, заполнившая цех.

На грузовик творила натиск
Вся комсомольская хамса:
Егор Борисыч, демократясь,
Взметнулся в кузов с колеса;

Впихнули и Фатьму, и Клаву,
Друг дружку матюгавших в крик;
Предотвратил меж них расправу
Сысой Самсонович Елдык;

И в тесном кузове горячем
Мудищев трудовых братьев
Заверил: «Хуем захуячим!
Хуистик нету для хуев!

Коров начнем кормить борщово,
Подправим бычий механизм,
Входя под тезисом Хрущева
Еще при жизни — в коммунизм!»

Перед правлением тверёзо
Встречал их ровно через час
Директор Нетькова-совхоза,
Тов. Пенисэнко Опанас.

(Быть может, сокращений этих
Читатель мой не разберет,
Но «Нет — неурожаю!» — «Нетьков»
Прозвал для краткости народ.)

За Пенисэнко жалась масса,
Громада, то есть сельский мир.
И был в руках у Опанаса
Весь хлебосольный сувенир:

Льняной рушник, спадавший долу,
Да соль в солонке хохломской
(Аэрофлотского помолу),
Да круглый хлебец городской.

Не сразу дал он хлеба-соли
Луке, — по этикету ждя,
Пока в своей привычной роли
Облобызались два вождя.

«Борисыч!» — всхлипнул Пенисэнко.
«Тарасыч! — обнадежил тот. —
Промагрегат сельхозоттенка
Тебе головка наша шлет!»

Лука, пылая беззаветно,
Взял хлеб да соль за бахрому,
И сквозь рушник аж на два метра
Хуем подбросил хохлому,

Рассыпав соль на косогоре,
Как будто яблоневый цвет...
Шепнула Клава: «Это к ссоре...»
«Распиздерю!» — Фатьма в ответ.

А Лядов молвил: «Вот что значит
К рабочим органам почет!
Мудищев хуем захуячит —
И хоть сейчас строчи отчет!

Лука! Совхоза недостатки
Отдельные — ты видишь враз!
Билет ложу, что все в порядке
В совхозе будет, Опанас!»

Кругом пейзаж Природы пылкой
Пестрел огнем осенних тайн;
В обнимку с «елочкой» — доилкой
Ржавел заброшенный комбайн;

В несжатых яровых буренки
Паслися кучно и вразброд;
Бык расточал свои силенки
В боданьи лозунга «Вперед!»

Вблизи правленческих ворот;
И в косах поправлял гребенки
Доярок трепетный народ.

«Начли с уборочной страницы
Новеллу сельского пути:
Хуем сожни шесть га пшеницы
И яйцами обмолоти!..

И подзадорен, и подколот
Вниманьем женственной толпы, —
Ты, сделавший из хуя молот,
Перекуешь его в серпы!»

Встрял Пенисэнко: «Смело к бою,
К совхозным будням трудовым!
Инструмент изогни дугою
И крепче вдарь по яровым».

Лука в ответ: «Я — из упрямых.
Чтоб ради этого сранья
Я хуй подковой гнул при дамах?
Какого хуя? Ни хуя!

Учтите. — Он взметнул кристальный
И гордый взор. — Я прям, как Русь!
Подобно вашей генеральной
Партийной линии — не гнусь!

Хуй — ветвь народная, живая —
Все претерпела, все смогла.
Он — не винтовка угловая,
Что подло бьет из-за угла!»

Обескуражилось начальство,
Перекосив свои черты.
«Антисоветское нахальство?
Или сермяга правоты?»

Но Пенисэнко тонким ходом
Рассек неловкости туман:
«Посовещаемся с народом,
Есть мнение выработать план,

Куда твою пристроить сперму,
Равно как яйца или хуй.
Ты посети покуда ферму,
С доярской массой потолкуй;

К буренкам подойдя с любовью
И, понимая мой намек,
Увеличенье поголовью
Дай ровно вдвое, паренек!

Заставь корабль покинуть бухту
В доярок пламенность вдохни,
Чтоб по молочному продукту
Мир перегнали бы они!»

Лука, успев заданье взвесить,
Сказал: «Любя свою страну,
Вдохнуть готов. И раз по десять,
А не единожды вдохну!»

И тут к правленческой избушке
Рванулся хитрый Опанас
(Что там орал он по вертушке
Осталось тайною для нас).

...Меж тем над речкою Шпротухой
У костерка, в закатный час,
Вовсю братались бормотухой
Рабочий и крестьянский класс.

А в стороне, не опекая
Ни чести женской, ни ума,
Под крики: «Блядь!» — «Сама такая» —
Катались Клава и Фатьма.

И над сцеплением великим
Ладоней, ляжек и грудей
Стоял старик Сысой Елдыкин,
Их унимая, как людей.

...На ферме в позах вдохновенных,
В халатах, вроде докторов,
В ермолках твердых, белопенных,
Доили девушки коров.

Ручьи молочные, как пули,
Секли подойников металл,
И было ясно, что вдохнули
В доярок пламенный запал.

И уж конечно, не по разу,
А впрямь — не меньше десяти.
И нецензурную почти
При входе Лядов бросил фразу...
(Мне это не произнести.)

А Пенисэнко, растаращась,
Глядел на томного Луку...
И Лядов произнес: «Тарасыч!
Ты обогнал по молоку

Голландцев, Данию и Штаты!
И Кострому! И все — за час!»
Но тут сказал: «А где ж теляты? —
Неблагодарный Опанас. —

Не только молока, но мяса
Мне нужно, чтоб усрать Париж!..
Я, их проходчик из Донбасса,
Коровам, думал, ты внедришь!»...

Вступился Лядов: «Слишком скоро
Приплода ждешь ты от Луки!»
Но Пенисэнко сгреб Егора
В негодованье за грудки:

«Так ты не хуй привез, а письку,
Все шефство на нее — не в счет.
Выходит, сделал я приписку,
Телефонировав отчет!

Я диктовал, что поголовье
Взросло от сотни до трехсот!
Ужо попортит мне здоровье
Стучко, райкомовский сексот!»

Для всех была б дурным примером
Несдержанность таких людей,
Когда б Лука небрежным хером
Не разбросал двоих вождей,

Сказав: «Так вам еще и мяса?!
Да у меня на этот вид
Млекопитающего класса,
Уж извините, — не стоит!

Об извращеньях буржуазных
Я лишь ползучую молву
Слыхал. И только дам прекрасных
Ебу, согласно естеству!

А также ваш обком с райкомом,
Коли изыски вам нужны!
Ну а буренкам поселковым
Вставляйте сами, пердуны!»

Егор нахмурился: «Ты смело
Клеймишь стоящих у руля, —
Знать, до земли тебе нет дела,
Хоть здесь советская земля!»

«Уйми ораторские страсти, —
Ему поддакнул Опанас, —
Ебёшь свои родные власти,
А где тут власти, кроме нас?!

Тебя мгновенно в наши годы
Энтузиазма без границ
Лишили бы даров природы, —
Короче, хуя и яиц!

Умолкни, трутень, гниль, иуда,
А то ведь можем и теперь!..»
«Сестра, Луке придется худо!» —
Свой бюст просовывая в дверь,
Меж тем Фотьме шептала Клава,
А у Фатьмы дрожала справа
Корма в предчувствии потерь...

Фатьма проплакала: «Подружка!
Уже заправлен грузовик,
И вы умчитесь через миг...
Так выпьем на хуй! Где же кружка?»
И кружку подал ей Елдык.

Две пенных кружки бормотухи
В дверном свету взлетели ввысь,
И две соперницы-сеструхи,
Как две солдатки, обнялись.

И я с трудом воображаю,
Как шефы взъёбистым, лесным
Путем из «Нет — неурожаю!»
Неслись к зарницам областным...
...........................................
Стояла ночь в осеннем мире,
Когда изящный черный «ЗИЛ»
Сквозь дождь к мудищевской квартире
Подъехал — и затормозил.

Уже идут по коридору!
Уже стучат! Дрожа как лист
В смятенье пачку валидолу
Хватает старый фуйболист...

Зажглись огни в соседских окнах.
Он отпирает, трепеща.
И входят в дом четыре мокрых,
Блестящих кожаных плаща.

В сорочке, вставши рядом с мужем,
(Был вид ее еще манящ)
Спросила мать: «А кто вам нужен?» —
«Лука Мудищев», — молвил плащ.

Лука, не пораженный громом,
«Понятно, — прошептал себе. —
Ты переёб райком с обкомом,
Но уебешь ли КГБ?»

«Ну что же, мать, — Лука заметил, —
Поди кальсоны мне сыщи:
Ведь на дворе сегодня ветер».
«Сбирайтесь», — молвили плащи.

Отцу он руку сжал сурово:
«Прощай, отец, и не взыщи».
А мать лишь обнял — и ни слова.
«Пройдемте», — молвили плащи.

И, уходя, успел стукачку
Щипнуть за жопу Старший Плащ,
Который двигался враскачку
И был особенно блестящ.

И вот в плену воспоминаний
Одни остались старики.
И до утра, до зорьки ранней,
Еблись событьям вопреки.

...Пока они в любовных играх
Делили горе тет-а-тет,
Мудищев прибыл в город Игрек
В районе Икс, в квадрате Зет.

Он ждет в таинственной приемной
(Уж так ведется на Руси).
Крутя приемник, слышит ровный,
Спокойный голос Би-би-си:

«Сегодня утром, в семь пятнадцать,
Мудищев прибыл в Байконур.
Он будет в космосе ебаться.
Сейчас у парня — перекур».

И, удивленный до предела,
Лука отпрянул от шкалы.
Хуй встал, и мебель полетела,
И с треском рухнули столы,

Диваны, кресла, ваза с фруктом
И полотно «Девятый вал».
Открылась дверь, и Главконструктор
Перед Мудищевым предстал.

«Я знаю, — молвил он, — и вижу,
На что способны вы, Лука.
На опыт будете — предвижу —
Согласны вы наверняка.

Уже давно большая тема
Моей владела головой —
«Широкий космос и проблема
Нормальной жизни половой».

Я ждал. И вдруг бумага сверху
Пришла в решительный момент.
«Дух вон, — писали, — яйца кверху,
Но провести эксперимент!»

 УСТАМИ НАРОДА

Вы понимаете, Лукаша,
Тут возраженья ни к чему...
Так вот, мой друг, партнерша ваша».
И Настю вывел он к нему.

«Знакомьтесь, дети. Вам отныне
Подвластен космос мировой!»
— Мандрюк, — шепнула героиня,
— Мудищев, — выдохнул герой.

Конструктор Настеньку обратно
Увел и, вышедши опять,
Спросил: «Заданье вам понятно?
Что вы имеете сказать?»

Лука заданье смело встретил
И по-солдатски отдал честь.
Хотя лица он не примстил,
Но ясно видел: жопа есть.

Большими чувствами волнуем,
Он отчеканил, горд и прям:
«А хуй ли? Захуячим хуем,
И всю хуистику — к хуям!»

Ему в ответ Конструктор сразу:
«Сейчас одни мы с вами тут,
Но верьте — вскоре вашу фразу
Крылатой люди назовут!»

...И началися тренировки,
Нагрузки, пробные труды
На КПД боеголовки
И на выносливость пизды.

Партнершу он на центрифуге
Порой заебывал до слез,
Хотя вдобавок на досуге
Тренировался он всерьез:

Дублерша Насти, Шахразада,
Красавица Хуйсун-заде,
С Лукой не раз во мраке сада
Пылала в творческом труде.

Но все ж мудищевская сила
Не убывала, — и Мандрюк
Нередко в ужас приводило
Одно расстегивание брюк.

Без дела был дублер Ебадзе.
При ебле мог дублер-еблер
Лишь оскорбленно улыбаться,
Куря в сторонке «Беломор».

...О величайший день планеты!
Не описуемый пером.
Оркестры, проводы, букеты
И славный путь на космодром.

Когда Конструктор поцелуем
Героев наших проводил,
Мудищев рыцарственно хуем
Мандрюк в автобус подсадил.

Сам Поцнельсон, ведущий медик,
Хоть и старик, но очень бодр, —
И кардиолог Хуйфец Эдик
Заканчивают медосмотр.

Скафандр задраен по ширинке.
Идет последний инструктаж.
Под песню «Пыльные тропинки»
Идет к ракете экипаж.

Мандрюк в ракету входит с плачем,
Лука кричит сквозь шум и гам:
«А хуй ли? Хуем захуячим,
И всю хуистику — к хуям!»

И Настю он без промедлений
Кладет на ворох звездных карт;
Меж тем идет отсчет мгновений
И слышится команда: «СТАРТ!»

И унеслись они в кабине
С ревущим пламенем в хвосте.
Узнайте ж, как они любили
И как еблись на высоте.
..........................................................
Настала ночь, и звездной спермой
Уже покрылись небеса,
Когда Лука закончил первый
Виток — на полтора часа.

Радисты скромные земные,
Не отлучаяся с поста,
Всю ночь ловили позывные
«Хуй, Хуй, как слышишь? Я — Пизда!»

Неслась ракета с тонким звоном
Над пограничником в поту;
Над обнаруженным шпионом
С хрустящей ампулой во рту;

Над степью, всем ветрам открытой,
Где вдохновенно в этот миг
Сидит обученный, умытый,
И серет друг степей — калмык;

Над исполкомовской рыбалкой,
Над поэтической строкой,
Над запрокинутой полбанкой,
Над голосующей рукой.

Над той страной, где все — за деньги,
Где чистой ебли не найдешь,
Где хуй с пиздою безыдейны,
Как золотая молодежь;

И над страной, куда турбины
И «МАЗы» слали мы зазря
И где бушуют хунвейбины,
Бог весть с кого пример беря.

Неслась ракета. Было слышно:
«Пизда, как чувствуешь? Прием!»
И вся земля простерлась пышно,
Благословленная хуём.

В ночи ль влюбленные сойдутся,
Он скажет: «Глянь на ту звезду! —
Она летит, и в ней ебутся.
Гони и ты свою пизду».

Петух сидит ли на насесте, —
Кого стрелой своей Амур
Уже щекочет в неком месте,
Нарочно созданном для кур.

Коты сойдутся ли на крыше,
Хоть и не знают ни о чем, —
Орут, покуда с криком: «Тише!..»
Их не разгонят кирпичом.

И всю-то ночь по разным странам,
Восстав, тянулись в небеса
Пред телевизорным экраном
Хуёв завистливых леса.

Все распри были позабыты,
И жадно слушал стар и мал,
Когда с космической орбиты
Лука стране рапортовал.

Он говорил: «Я еб на совесть
В начале первого витка,
Но помешала невесомость:
Пизда взвилась до потолка.

Потом вдоль стен она витала,
Как сон, как утренний дымок.
Хуем я гнал ее устало
И все попасть в нее не мог.

Пока она вилась, как муха,
Скакала с резвостью блохи,
Я стал для укрепленья духа
Читать любимые стихи.

«Любовь не вздохи на скамейке, —
Я процитировал, скорбя, —
Ебать и в космосе умейте», —
Добавив скромно от себя...

И почувствовал, ликуя,
Прилив решимости и сил,
И тут пизду ударом хуя
Прижал к стене — и засадил.

Сначала все пошло как надо.
Уж я доебывал почти.
И что же? Новая преграда
Внезапно встала на пути —

Заклинило! И защемило.
Хуем ни взад и ни вперед.
Зажатый накрепко, уныло
Взглянул в окошко я. И вот

Увидел Землю я. Всю сразу.
Она сияла, как мечта.
И я невольно бросил фразу:
«Хуй знает, что за красота!»

И посмотрел на нашу Землю
С таким волнением большим,
Что вдруг сумел продолжить еблю
И полновесно завершил.

Довольно слов. Мы будем кратки.
Не нам на трудности пенять.
И механизмы все в порядке,
И самочувствие на пять!

Пора! Уж хуй горит, вставая,
По ебле чувствуя тоску.
Преграды преодолевая,
Приступим к новому витку, —

Сейчас мы снова замаячим
По всем космическим краям...
А хуй ли? Хуем захуячим —
И всю хуистику к хуям!»
..................................
Имперьялисты всей планеты
Сегодня в яйцах чуют зуд.
Балду — огромнее ракеты —
По Красной площади везут.

А яйца! Сказочное диво!
Размер огромен, цвет лучист.
Макет исполнен так правдиво:
Художник был соцреалист!

А ликование народа! —
Его вовек не передать,
Вот разве ежели три года
Подряд твердить: «Ебена мать!»

Под силу только двум поэтам —
Бездарчуку с Пиздарчуком —
В народном эпосе об этом
Греметь возвышенным стихом.

А нам не взять такой вершины.
И наша скромная строка
Документальна: из машины
Вылазит хуй, за ним — Лука...

## УСТАМИ НАРОДА

Он держит хуй на изготовку,
Дыша легко и горячо,
А пред Трибуной, как винтовку,
Его бросает на плечо!

За ним — Мандрюк походкой павы
Идет, беременная вся,
И воплощает мощь державы,
Скульптурной жопою тряся.

Смолкают Площадь и Трибуна.
Все созерцают славный хер —
И делегат из Камеруна,
И цветоносец — пионер.

Китаец с мордою убийцы
Улыбкою скрывает страх,
А потрясенные кубинцы
Хуями чешут в бородах.

«Я сделал все, — Мудищев начал, —
Мой рапорт короток и прям.
Я обещал — и захуячил,
Пустив хуистику к хуям.

Ну никаких тебе хуистик!
У нас, у русских, все всерьез.
Недаром в космос брал я листик
Родных задумчивых берез.

Не надо почестей и бума.
Нам к новым подвигам пора».
«Дерзайте!» — молвила Трибуна,
И Площадь рявкнула: «Ура!»

Лука хуём кивнул народу,
Опять подняв его до плеч,
И без бумажки взялся с ходу
За историческую речь —

Что люд готов к путям тернистым,
Что встанет Африка с колен,
А гнусным империалистам
Пообещал наш красный член;

Потом отъеб Мао-Цзэдуна
За все дурные номера...
(«Валяй!» — промолвила Трибуна,
А площадь рявкнула: «Ура!»)

И наконец, пугнув Европу
И Штаты мощью наших брюк,
(Читатель ждет уж рифмы «жопу»)
За жопу обнял он Мандрюк.

С Трибуны крикнули, ликуя:
«Уже трудятся мастера
Над обелиском в виде хуя!»
И площадь рявкнула: «Ура!»

Меж тем, на радость журналистам,
Ведут Лукашину семью
И у стукачки с фуйболистом
Берут публично интервью.

Отец сказал с горящим взором:
«Лука рожден благодаря
Трем проницательным майорам,
Меня сославшим в лагеря.

Такой пизды, когда б не это,
Я не нашел бы никогда,
И не воздвиглась бы для света
Луки геройская елда!»

Сказала мать: «Когда б сначала,
Явив сознательность свою,
На мужа я не настучала —
Не быть бы этому хую!

Ебись, мой сын! Вы с Настей юны,
А нам уж время на покой!..»
Но ей ответили с Трибуны
Высокой шуткою такой:

«Класс ебли славному семейству
Продемонстрировать пора!
Немедля приступайте к действу!»
И Площадь рявкнула: «Ура!»

Еблись ли четверо публично —
Не знаем. Не разобрались.
Скорей сочли, что неприлично.
Зато уж ночью — все еблись.

И все читали на рассвете
Слова любимые Луки
В центральной утренней газете
Обширной шапкой в три строки.
..............................................

Лука! Будь Родине полезен.
Да возвеличится в веках
Твой хуй — гранитен и железен —
В патриотических портках.

Быть может, труд наш только начат —
Кончать придется сыновьям.
А хуй ли? Хуем захуячат —
И всю хуистику к хуям!

### ЧАСТЬ ВТОРАЯ

...Нисколько не нуждаясь в сыне,
Я сам продолжу этот труд.
Ведь сыновья не чтут святыни:
Как раз поэму пересрут!

Хиппарь хайратый или рокер,
Без промедленья бы мой сын
На полуинглиш переёкал
Язык родных моих осин...

≋≋≋≋≋устами  народа≋≋≋≋≋

А я заслуженный осколок
Святых шестидесятых лет,
Неограниченный филолог,
Для коего запретов нет, —

К столу приебанный эпохой, —
Я вновь, цензуре вопреки,
Готов делиться каждой крохой
Величья моего Луки.

...Герой космических событий,
Обмонументив каждый сквер,
Лука являл живой пример
Всех фантастических соитий,
Крепящих мощь СССР.

Чуть на бровях вспарив над нами,
Хотел державный Леонид
Луке увешать орденами
Весь хуй... Ан хуй-то не стоит!

Мудищев, вызванный на пленум,
Вождям отрезал, что готов
Орудовать рабочим членом —
Не вешалкой для орденов!

Что ради этого не встанет
Хуй, бескорыстие тая,
А только тем и будет занят,
Что стоит имени хуя!

И, броненосцем послан к маме
В упрямстве редкостном своем,
Мудищев пробивал на БАМе
Туннели дерзостным хуем.

Такого благородства — вам бы!
Он, посещая Ленинград,
Месил хуем бетон для дамбы
И вовсе не был виноват,

Что та или иная стройка,
Где он трудился, пот лия,
Была действительно настолько
Достойна имени хуя.

Так провела года застоя
Луки былинная елда —
Всегда при деле, вечно стоя,
Лишь поникая иногда —

Когда Луке чины и кресла
Всучить пытался Аппарат:
Служили творческие чресла
Одной Отчизне в аккурат.

Когда ж настала Перестройка
И стала Гласность возникать, —
Лука держался так же стойко
И даже бросил поникать, —

Поскольку кресла и медали
Ему партийные хуи
Уже отнюдь не предлагали,
Цепляясь жадно за свои.

Лука украсил дверь плакатом
«НЕ ВЫДАСТ ХУЙ —

                    ПИЗДА НЕ СЪЕСТ!»
И всенародным депутатом
Был вскоре выдвинут на съезд.

(Не вроде вас, от крика мокрых,
Кого извлек из топи блат
Какой-нибудь ничтожный округ...
Он — всенародный депутат!)

«За перемены без отсрочки!» —
В те дни вопила вся печать.

«Народ, заебанный до точки,
С собой готовится кончать!»

Да и в Луке вскипали страсти;
И он в полночной тишине,
Лишь восемь палок бросив Насте,
Своей космической жене,

Готовил к съезду выступленье,
Обдумывая каждый звук,
Пока стекала в исступленье
Неутоленная Мандрюк;

Пока посапывали дети:
Четыре панка, металлист, —
А интердочка в туалете
Свой доллар комкала, как лист.

Лука, взволнован подготовкой,
Забылся на черновике.
Он спит в позиции неловкой,
И снится странное Луке.

## ПЕРВЫЙ СОН ЛУКИ МУДИЩЕВА

...И снится чудный сон Лукаше:
Он будто высоко возлез
Над городом, что прочих краше,
И встал с хуем наперевес.

То на Кшесинском он балконе,
Вблизи «Охотного» — метро,
Поставлен все держать в законе
От Бога и Политбюро.

И движется неодолимо,
Так, что гудит под ней земля,
Толпища — от Биби-Ханыма
До стен недвижного Кремля.

Мильонов двести в той толпище —
Ее размеры таковы.
Все хором воют: «Пищи! Пищи!»
И в этом истинно правы.

...Вот первые достигли тыщи
Плато, где словно две вдовы,
Струи Арагвы и Невы
Прут химию на пепелище

Тбилиси, Питера, Москвы;
Гробы, покинув спецкладбище,
Ползут, мистически урча,
Вслед саркофагу Ильича;

И массы вовсе неодетых
И неопознанных скелетов
Текут, как Лена и Кура,
Подвесив к ребрам номера,

И тоже просят пропитанья...
На них живые — ноль вниманья:
Живой ли, мертвый — хер ли в том?
Клеймо извечной Голодухи
Лежит на каждом дохлом брюхе,
Живущим правит животом...

Идут фуражки, тюбетейки,
Партшляпы партмозгам под цвет,
Рабкепки, паранджи, скуфейки,
Кой-где и творческий берет...

Энтузиасты из могилы,
В пути очистив Божий храм,
Костями лупят что есть силы,
В алтарный образ, как в тамтам...

Скелетики-молокососы
Подъемлют вверх со всех концов

Свои мобильные доносы
На припозднившихся отцов...

Наш флаг кидающего цвета
Висит, затмившийся давно
Зеленым стягом Магомета
И черным знаменем Махно...

Крест проплывает православный,
Готовясь к миру всех склонить...
Но лозунг емкий, вечный, главный
Ничто не может заслонить.

(Откуда взяли эту фразу?!
Какой хранил ее музей?!
Источник был распихан сразу
По дальним ящикам друзей!..)

Но счастье встречи лучше спрячем, —
Как винной чаше пел Хайям, —
Читая: «ХУЕМ ЗАХУЯЧИМ,
И ВСЮ ХУИСТИКУ — К ХУЯМ!»

Все видят: путь исхода — тесен,
Но по привычке все поют.
В напевы пролетарских песен
Нежданный смысл влагает люд...


### ПЕСНЬ ТОЛПИЩИ

Отречемся от старого Маркса
И от тех, кто моложе втройне!
Истощенная требует масса
Утопленья утопий в говне!

*Припев:*
Лопай сосиски,
Трескай творог!

День твой последний
Пришел, демагог!

Шли мы, шли, недовольство припрятав,
И не важно нам стало — куда:
Под полоски и звездочки Штатов
Иль под красное знамя труда!..

*Припев:*
Ешь буженину,
Сыр с коньяком!
День твой последний
Приходит, обком!

Сколько можно терпеть икроедов,
Спецпитаньем сплотивших ряды?
Управляют они, пообедав,
Подчиняемся мы — без еды!

*Припев:*
Хрупай конфеты,
Жри сервелат!
День твой последний
Пришел, аппарат!

Закоптил наше ясное небо
Ваш навеки задравшийся класс.
Только хлеба мы требуем, хлеба!
Ну а зрелищ — дождетесь от нас!

*Припев:*
Чай вам да сахар,
Мед на губе!
День твой последний
Пришел, КГБ!
Хавай картоху,
Функционер!
В день свой последний
Получила ты хер!

...«Так хуй ли я, — ворчит Мудищев
Сквозь исторический свой сон, —
Не примыкаю к этим тыщам,
Над ними тупо вознесен?

В них есть душа, в них есть свобода!
Не даст мой нынешний уклад
Мне оторваться от народа!
Я — всенародный депутат!»

И грезится ему, как будто
Он разделился пополам!
Такое грезится и нам,
Но очень редко, очень смутно.

И пол-Мудищева идет
В толпе, где люди, кости, кони;
А полгероя — на балконе
Вздымает хуй, как огнемет.

Итак, Лука шагал в толпище
И в то же время службу нес.
Толпа опять взревела: «Пищи!»
«И водки!» — кто-то произнес

И шествие рванулось в давке
К питейной близлежащей лавке —
На Елисеевский продмаг.
И, вмиг распиздерячив двери,

Влетают в гастроном, как звери,
Колхозник и скелет-кулак,
Шахтер, кузнец, нарком казненный,
Три винодела-знатока,

А вместе с ними и Лука,
Порывом общим занесенный...
И влагой дармовой, казенной,
Испытанной, краснознаменной
Взблеснула винная река.

Живые люди и скелеты —
Все из горла сосут клареты,
Портвейны, водки, коньяки.
Питье скелетам не с руки;
Что выпьют — тут же и прольется
Сквозь ребра али позвонки...

И от живой людской реки
Весьма скелетам достается,
И то и дело раздается:
«Зазря продукт переведется!
Отъябывайте, мудаки,
Не то раскрошим костяки!..»

Скелет-кулак вопит: «Похоже,
Что быть скелетами вам тоже!
Но мне, когда я был моложе,
И был, как вы, во плоть одет,
Хотелось выпить аж до дрожи,
Мне, юноше в расцвете лет,
Едва увидевшему свет
В теплушке долгого этапа...
Но мне: «Нишкни», — прошамкал дед.
«Заткнись, разьеба!» — рявкнул папа
И дал по жопе, мироед».

Но спор живые разрешили
Тем, что скелетов раскрошили, —
Взметнулась костяная пыль...

...Последний ящик потрошили,
И уж последняя бутыль
Алмазной молнией сверкнула
В шахтерской жилистой руке...
Он ебнул — и поднес сутуло
Колхознику, потом — Луке.

Неловко было отказаться.
Лука сказал: «Не откажусь».

И чтоб идейно нализаться,
Шахтер примолвил: «Пьем за Русь».

«Антисемиты!» — взвыл от гнева
Луки лысеющий сосед,
Распивку наблюдавший слева...
Но тут юнец под сорок лет,

Голубоглазый, конопатый,
В окладе рыжей бороды,
Вскричал: «И здесь народ проклятый,
Вот русофобии плоды,
Сионские первопроходцы,
Средь нас масоны, инородцы;
Короче, братце, — жиды!»

Еврею он по харе вмазал:
«На, получай — и зай гезунд!
Катись, пархатый! Прочь, шли-маз'л!»
...И грянул бунт, советский бунт!..

Жид, русский — бьет, кусает, лупит.
Визг — и злорадный рык: «Не любит!»
Летят бутылки — вжиг да вжиг,
Валятся стекла, штукатурка...
Узбек охаживает турка,
Киргиза потчует таджик;

Жмет армянин азербайджанца,
Внезапно вспомнив Сумгаит,
И в спину ебнуть ереванца
Меж тем тбилисец норовит;

Над грудой расщепленной тары,
Поняв, что нечего вскрывать,
Стремятся крымские татары
Казанским яйца оторвать;

Элитный семиотик Правщиц
Бьет Левшица (он смысловик);

Дубасит, наконец просравшись,
Тунгуса друг степей — калмык...

Над перекоканным товаром
Младой Иван пиздит со старым:
«Скажи-ка, дядя, ведь недаром?»
И тот, поддатый от души:
«Недаром, — отвечает, — Ваня,
Мы шли к победам, барабаня!
Гляди, кругом какая баня!
Хохлов метелят елдаши!»

И впрямь — во злобе неустанной
Дрались повсюду и везде,
Забыв о сытной, первозданной,
Читатель ждет, что «о пизде», —
Нет! Хоть поэт я не жеманный,
Я разъясняю: о желанной,
Объединяющей еде!

Забыт был ворог социальный,
Исчадье мафий, кланов, хунт...
О, страшно зреть советский бунт,
Бессмысленный, национальный!

Взлетали в воздух пары унт
И чувяков; капрон печальный
Над битвой иррациональной
Витал по нескольку секунд...

В двойной сновидческой системе
Полу-Мудищев был со всеми,
Мог все обиды понимать,
Но, будучи других серьезней,
Клубки национальных розней
Пытался хуем разнимать.

Вотще! Реакцией цепною
Толпа захвачена была:

Хватала, резала и жгла
Кого попало, — пред собою
Врага не видя, став слепою,
Кого сгребла, того взъебла.

Под башню Спасскую, что в Смольном,
Катился человечий ком,
Древнейшей распрею влеком,
В кровавом месиве рассольном...
...Все пали разом — и во мгле
Бой продолжался во Кремле.

Земля тряслась, как бабьи груди.
Смешались в кучу бляди, люди,
Табун несожранных коней,
Чабан столетний на верблюде...
Тут не хватает лишь орудий.
Введем их: надобно точней.

Полу-Мудищев на балконе,
Всех соблюдающий в законе,
Почуял, что трясется грунт,
И порешил, как Родионов:
«Веленьем воинских законов —
Я подавить обязан бунт».

Солдатик действовал не сглупу:
Хуем прицелившись в ночи,
Он быстро обнажил залупу
И вихрем огненной мочи,
Горячими ее шматками,
Тяжелыми, как кирпичи,
Прошелся над бунтовщиками:
Так ходят лазера лучи.

Трассирующие снаряды
Неслись, покуда мог он ссать.
Я результаты канонады
Слов не имею описать;

Но первой очереди сила
Семь тысяч двести пять скосила
Безумьем тронутых голов,
Тела же дравшихся смесила
В паштет ужасный или плов.

Готовясь к очереди новой,
Залупу снова теребя,
Лука близ каши безголовой
Заметил — самого себя!..

Другой Лука по жгучим струям
Бродил, беды не понимал,
И милосердным, братским хуем
Напрасно мертвых поднимал...
Артиллерист залупу мял,
Душевной бурей испытуем,
Собой обложенный, как волк...
И, блевом подавив рыданье,
Сказал угрюмо: «Долг есть долг.
Да и заданье есть заданье».

И, добросовестно сопя,
Курка залупного коснулся.
Так расстрелял он сам себя —
И в смертном ужасе проснулся.

...Уже звучали вдалеке
Курантов утренних трезвоны...
Разжал он руку... В кулаке
Свалялись мыльные талоны...

Итак, все это только сон!
«Настасья, дай скорее чаю,
Нарежь «Останкинской» батон!
На съезде нынче выступаю!..
..........................
Съезд шел уже седьмые сутки.
Все пялились, полны любви,

На свой Парламент. Проститутки
Носили в сумочках «Ти-Ви».

Луке досталось место сзади.
Стерпел. Он думал об одном,
Хотя и был во всем параде —
В костюме чешском выходном.

Не позволяла ни манера,
Ни складки широченных брюк,
С утра отпаренных Мандрюк,
Подозревать такого хера...
Молчали Хлопок и Урюк,
Пока он шел в ряды партера.

Он знал: застрельщик Перестроя —
Михал Сергеич Горбачев.
А дальше — дело непростое:
Кто Лигачев, кто Лихачев, —
Нисколько не ебло́ героя,
Стихийного, как Пугачев.

...Казалось, все идет как надо.
Шумок сомненья затихал,
Что *до* отчетного доклада
Стал председателем Михал;

И зала уж отгромыхала,
От счастья находясь в вершке,
Что хитрожопого Михала
Избрала, как кота в мешке;

И с удовольствием парадом
Уже командовал Михал —
Оставшись мягким демократом,
Он радикалов распихал.

Все подъелдыкивали — Хлопок
И неразлучный с ним Урюк,

И Аппарат, мастак в объебах,
Вмиг поддержал Михала трюк;

Нюансов званье процедурных
Михалу также помогло,
И съезд в разгаре прений бурных
Прилег на правое крыло.

Жирком, обкатанным приятно,
Лоснилося Политбюро,
Кем избранное — непонятно...
Все ново было. И старо.

Дебильным ржанием и свистом
За остроту афганских тем
Был Сахаров со сцены изгнан
И сел, освистанный, затем.

Когда он шел, согбен борьбою,
Вдоль ряда, где сидел Лука,
То у Луки сама собою
С мандатом вскинулась рука.

Ее немедленно заметил,
Луке призывно замахал
И сам его у сцены встретил
Обворожительный Михал.

Смиряя форум истеричный,
Как бы умасливая съезд,
Михал проделал гармоничный,
Семейственный, округлый жест,

Сказав с улыбкою прелестной:
«Товарищи, поспокойней!
Мудищев формулой известной
Решит проблемы наших дней!»

Лука промолвил: «Содоклада
Прошу! Так требует нутро!» —

«Нет!» — грянуло Политбюро.
Михал их урезонил: «Надо».
Дал микрофон и дал добро.

Когда вступал Мудищев смело
На высшую из всех трибун,
То в брюках у него звенело
И рокотало, как бурун.

...И вдруг на съездовской трибуне,
Как будто в чем-то виноват,
Регламент истощая втуне,
Он смолк, листая свой доклад...

Он растерялся, он смутился,
Хоть нетерпения шумок
По залу явно уж катился...
Вот все, что он сказать не смог:

«В эпоху яркую такую
Я должен заявить, что мы
Доповорачивали к хую
И реки наши, и умы!..

Почти столетье неизменно
Пиздит нам партия о том,
Что скоро будет охуенно,
И охуительно — потом,

Что путь наш правилен и ровен,
Что не уйдем от света в тень...
Хуйня! Живем среди хуевин
И жрем всю эту хуетень!

На самом деле все — хуево.
Сумели сверху кумовья
Все обесценить — даже слово,
Само значение хуя!

Все, хуюшки! Названье это
Мы разменяли. И штаны
У нас не славного предмета —
Одной хуистики полны!

Внести намереваюсь ясность:
Не то чтоб очень нас любя,
Взамен еды нам дали Гласность —
Чтоб снять ответственность с себя!

«Мол, вам сказали — вы не вняли,
Так на себя вам и пенять!»
И нам все то, что тут сговняли
Опять придется разговнять!»

Листки ероша, ералаша,
С трибуны вглядываясь в зал,
Вот что прочесть хотел Лукаша,
Сказать хотел — и не сказал...

Он, за трибуною припрятав
Свое Начало Всех Начал,
Перед собраньем депутатов,
В разгаре хрений и ебатов,
В эпоху Гласности — молчал!

Стоит да хлопает глазами,
Лишась отваги боевой:
*Своих* повсюду видит в зале,
И чувствует себя как *свой*.

*Свои* сидят пред ним, как стенка.
Он всех приметил в этот миг.
Мрачнеют Лядов и Елдык,
Ехидно смотрит Пенисэнко,
Вникают Клава и Фатьма,
На дам похожие весьма...

Он думает: «Я с ними начал,
Хуй приспособил к их боям...
Совместно с ними я хуячил
И слал хуистику к хуям!..

Еще на космодроме Игрек,
На кране башенном еще,
В партийных выебонах ихних
Участвовал я горячо!

И мне теперь клеймить их разом,
С трибуны праведно трубя?..
Хуинственно я с ними связан.
Я расстреляю сам себя!»

...Шло за мгновением мгновенье...
Вновь как во сне он наверху,
Его терзает раздвоенье...
Но шепчет он себе: «Ни ху!..»

Знакомые взыграли струны.
Он превозмог себя, рискнул —
И под прикрытием трибуны
Слегка застежку разомкнул...

И прянул хуй, как Медный всадник,
И ленинский пресветлый лик,
На сцене заменявший задник,
Закрыл головкою на миг!

Но пред лицом живой легенды
Кто помнил мертвого Вождя?
И грянули аплодисменты,
В овацию переходя.

«Вот, вот он, хуй, — явленье это
Прокомментировал Лука, —
Он устремленней, чем ракета,
Куда стабильней, чем ЦК!

Гнилой хуистики банальность
Так не прорвется сквозь штаны!
Коллеги! В нем — одна реальность,
Одна надежда для страны,

В нем — выход из всеобщей жопы!
И попрошу иметь в виду —
Он выше уровня Европы,
Как рожь в тринадцатом году!

Он все умел на свете белом,
Прошел немало трудных троп,
Но пренебрег природным делом,
И многих, многих не отъеб!

А мог бы он без проволочек,
Без нудных загсовских затей,
Ебать изящных одиночек,
Что предпочли мужьям — детей!

Он их бы еб не без азарта,
Чтоб дамы были польщены!
И очередь большой длины
Текла бы к хую — ради старта,

Зачина смены для страны,
Особенно Восьмого марта,
В день, когда хую нет цены!

Хуй, точно, может рыть каналы,
Месить, пахать, оздоровлять
Вконец засратые Байкалы...
Но хуй в пизду желает, блядь!»

(«Ну, цирк! Балет на льду! Регата!» —
Хвалил Елдыкин стиль Луки,
А радикальные ребята
Молчали, как ученики;

Михал же с Хлопком и Урюком,
Узрев мудищевский накал,
Напрасно шарили по брюкам...
И Ельцин тщетно в них искал.)

«Хуй слишком долго служит вместо
Станка, турбины, топора.
По назначенью наконец-то
Употребить его пора!

А то додумаются, право,
Из хуя делать огнемет!..
Пардон! Я не имею права
Хуем расстреливать народ!

Пускай он заселяет земли
И тешит женское нутро!
Пусть хуй ебет, рожден для ебли,
Как я ебу Политбюро!

Народ, несчастьями взыскуем,
Дал шанс последний сыновьям...
А хуй ли? Захуячат хуем,
И всю хуистику — к хуям!»

...Магнитные шуршали ленты
В тиши, как легкий шум дождя,
Но грянули аплодисменты,
В овацию переходя.

И, вспугнут громом этим гулким,
С себя слагает груз пера
Ваш старый друг, поэт Е. Булкин,
Вам всем желающий добра.

(Сегодня критики так бойки —
Возьмут да ляпнут, что певец
Решил принять при Перестройке
'вой мученический венец!..)

Так лучше смолкнуть, чтобы, значит,
Свой бисер наметать свиньям.
Продолжу, если захуячит
Народ хуистику к хуям.

### ЧАСТЬ ТРЕТЬЯ

Прошло два года. Время скачет
Козою горной по камням,
А все никак не захуячит
Народ хуистику к хуям;

Нищает, злится... В чем здесь тайность?
Виновна русская ментальность.
...Предавшись праздной хуете,
Напрасно мы, поэты, спорим, —
В «минтае» или же в «менте»
Словца пленительного корень?..

...Включишь ли телик — нагишом
Танцуют бляди в нем, конечно,
Иль за недальним рубежом
Дерутся нации кромешно,
Иль классику ебет поспешно
Демократический цинизм...

Стоит обкомовец во храме,
Поп выступает в рок-программе,
На все — пошлейший плюрализм!

Война — пока еще домашний
Театр к вечернему чайку...
В такой вот каше бесшабашной
Е. Булкин застает Луку.

Давно, устало-равнодушен
К российским жутким мелочам,
Лука ни радио не слушал,
Ни телевизор не включал.

«Предугадал я жизнь такую!
На съезде знал, о чем толкую.
Грядущее открылось мне,
А одновременно и хую,
В пророческом и вещем сне!»

Так размышлял Лука Мудищев
Среди союзных пепелищев...
Народ — без веры, без еды.
Лука, в придачу, без пизды.

С Мандрюк развелся он, не плача,
Не затевая сцен и драк:
И то сказать, был этот брак
Лишь госзаказ и спецзадача...
А дети — пять хуев, пизда —
В Израиль, в Штаты — кто куда.

Лука московских одиночек
Давно отьеб. От жгучих ночек
Два-три детдома завелось.
Сиротки выживут авось!..

Он жил в гостинице «Эллада» —
Читать бы надо с буквы «ё», —
Но депутатского оклада
Едва хватало на жилье.

Питался депутат Лукаша,
Как все, херово: чай да каша.
Но хуй стоял... Герою нет
Еще пятидесяти лет!

От непрестанного напора,
Который был предельно туг,
Разлезлась у героя скоро
Ширинка серых чешских брюк,

Тех самых, всей стране известных,
Истертых в депутатских креслах...
И мысли у Луки полны
Проблемой: где купить штаны?..

Так, жарким летом, в понедельник,
В Столешникове, за углом,
Мудищев бродит, как бездельник,
Воспоминая о былом...

«Не зря же я служил Отчизне? —
Мелькает в голове Луки, —
Пришла пора для личной жизни,
А к ней положены портки!»

Уж он прошел по ЦУМам, ГУМам —
Везде мозолили глаза
Египетская бирюза
Да наши булочки с изюмом
По три рубля... Отруб! Отлуп!
Отскоч с конфетой «Чупа-чуп»!

Коль есть портки — так на подростка,
Чей хер не больше огурца.
Владельцу мощного конца
В такие влезть совсем не просто!

«О чем, вишь, дядя возмечтал!» —
Над ним хихикают со смаком. —
Не шастай по универмагам,
Ищи в кафе «Манифестал»!»

Зашел... Лишь видеокассеты
Да веники. Да сигареты
«Бонд»,
    «Магна»,
        «Мальборо»,
            «Пел-Мел»...
С тем и отвалишь, что имел!

Среди исканий безуспешных
Толпой притиснуло Луку
К какому-то коопларьку...
Кругом торгуется Столешник;
Лука стоит в густой толпе,
Зажав прореху на пупе...

Вокруг салоны, «литл-шопы»
Средь грязи и облезлых стен;
Домохозяек злые жопы;
Пустые сумки всех систем;

Летит из будки автомата
Бессильно-доблестный разряд
Разочарованного мата:
Там с мясом вырван аппарат;

Тетрадками торгуют внуки;
Спускают деды ордена
За доллары. Москва вольна...
Москва!.. Как много в этом звуке
Коктейля «Виски-тоник-срань»!
Прошу простить меня за брань.

Меняет вывески столица,
Латиницей покрывшись вмиг.
И кажется — лишь веселиться,
Читать «Тарзанов», «Анжелик»,
Бежать на триллер и порнуху
Разобрало Москву-старуху,
А есть и пить, менять белье —
Уж ретроградно для нее.

Кураж Свободы безграничной
Во всем: в гражданской жизни, в личной,
(А особливо — в половой):
Имей хоть педик лесбиянку
На Мавзолее спозаранку,
Еби хоть стенку головой.

...В коопларьке клубилась мода,
Маня к себе последний грош.
Там брошь — и в грамоте свобода! —
Писалась мужественно: «Брош»...

Колготки ножки раздвигали —
Вблизи джинсов изнемогали...
В свирепом люрексе блузон
Блистал, как елка не в сезон.

...На жвачку, клещи, грим для сцены,
На Брош, утюг, помаду, тон,
Усатый фирменный гондон —
Луку ошеломили цены...

Гондону с робостью в усы
Шепнул он: «Сколько за джинсы?»

И голос нежный, музыкальный
Из райской пестроты ларька
Послышался: «По минимальной.
Э литл, за полтора куска!»

Мудищев сник под эту фразу:
Не грезились ему ни разу
И средь космических высот
Портки за тысячу пятьсот!

Сознанье чуть не раскололось!
Но он отпрянуть не успел —
Из полумрака вдруг пропел
Все тот же соловьиный голос:
«Да вы примерьте их пока!»
...И вышла дева из ларька...
........................................
С джинсами через руку дева,
Коопторговли королева,
Стройна, прекрасна и легка,
Грядет, как солнце, из ларька!..

Грядет, качая стан свой дивный,
Серьгами длинными звенит.
Круглится кооперативный
Румянец в бархате ланит.

Улыбка — перлы. Очи — море.
Вишнево губы налиты.
Глядит с понятием во взоре,
Как гений чистой красоты.

И как в бреду Мудищев мерит
Джинсы в отбросах за ларьком.
Он с ангелом почти знаком,
Хоть в Бога отродясь не верит.

И ангел бойко держит речь,
Как облегла джинсовка формы...
Здесь не приводим милый вздор мы.
Мы знаем: было, что облечь!

«Ну, торч! — Красавица щебечет. —
Джинсы сидят на круглый файв!
Прикид фирмовый обеспечит:
Успешный бизнес, личный лайф!»

И залпом нынешнего сленга
Лука повержен и добит.
Мятется мысль. Дрожит коленка.
Герой, стесняясь, говорит:

«Вы правы... Но скрывать не стану,
Безумно... мне не по карману!
Вот разве загоню мандат
Я, всенародный депутат».

И отвечает королевна
Демократично и душевно:
«Теперь — свобода! Скиньте офф —
Энд гоу хоум без штанов!»

Переоделся он стыдливо
Все в той же свалке за ларьком.
И фразу странную тайком
Красотка бросила пугливо:
«Ведь если частникам — хана,
Взрастет туморроу цена!..»

И в кроткой ангельской печали,
Забрав джинсы, ушла в ларек.
Что эти речи означали —
Лука не понял, не просек.

Он сделался бледнее риса:
Неужто — все, навек «пока»?
«Как вас зовут?» —
«Май нэйм Кларисса.
А вас?» — «Меня зовут Лука...

Прошу о встрече!..» — «Завтра в полночь.
Свой шоп закрою — и о'кей!
В Сокольниках. Там, если помнишь,
Молочный бар в тени ветвей...»

Мучительное обещанье!
День — завтра... И сегодня- ночь.
Обмен визитками. Прощанье.
Взгляд затяжной — и живо прочь!

Над государственным кладбищем,
Где весел нынче лишь дебил,
Герой страны, Лука Мудищев,
Впервые в жизни полюбил!

Влюбился он, как пэтэушник
(Притом из самых простодушных),
Как Быков, юноша-поэт,
Пленившийся в двенадцать лет

Одной из пионервожатых,
Вздымальщицей хуев поджатых.
...Лука спешит к себе в отель.
В нем все — огонь, томящий хмель.

Спешит... Не видит и не внемлет,
Бубнит любовные слова.
Нежданной пустотой объемлет
Луку вечерняя Москва.

На эскалаторе безлюдном
Герой спускается в метро.
В каком-то трепете подспудном
Молчит столичное нутро...

Притихло все и затаилось...
Что за дела, скажи на милость?
Как в тридцать, может быть, седьмом
Все как бы ждет, что грянет гром.

Но до того ли нам?.. В отеле
Лука бросается к постели —
Укрыть, упрятать с головой
Смятенье страсти огневой.

Мир пуст, и в нем — одна Кларисса!
Нет даже Ельцина Бориса...
..............................................
Мудищев рано встал во вторник,
Купил три розы на углу —
И снова в номер, как затворник,
Считать паркетины в полу,

Изнемогать и ждать свиданья.
О где ты, где ты, ночи тень?!
...Занудливо, без пониманья
Тек серый августовский день.

«Три розы — мало, хоть ты тресни, —
Мудищев шепчет, распален. —
Я алых роз, как в славной песне,
Ей накупил бы миллион,
Но денег нет. Кларисса, Клара!
Неужто я тебе не пара?!»

Врубил он, почесавши темя,
Экран. Смахнул густую пыль.
По всем программам в это время
Шел бесконечный водевиль:

Синичкин вывел дочь в актрисы...
Но далеко ей до Клариссы!
Мудищев вырубил хуйню.
А все конца не видно дню!

Но все проходит... Ночь настала.
Герой выходит в ночь и в дождь.
Минует площадь. С пьедестала
Еще глядит чекистский вождь.

Но что это? Уж ни безлюдья,
Ни тишины? Следит Лука,
Как по Москве ползут орудья,
Прут танки, топают войска,

Попердывают бэтээры...
И все сквозь улицы и скверы
К большому зданию спешит!
Пред этим зданием лежит

Вверх пузом брошенный троллейбус,
Как будто свыше, из дождя,
Иль тока, или ебли ждя.
Творится некая нелепость!
К чему войска, зачем народ —
Мудищев как-то не поймет!

У зданья — толпы молодежи:
Тусовка в легонькой одеже,
Хотя и каплет, и сквозит,
И гриппом завтрашним грозит.

Гремят известные рок-группы,
Взметая трубы, как залупы.
Поэты Быков, Степанцов,
Преображаяся в бойцов,

Походно жрут сгущенку с блюдца.
...Там на бинты дерут плакат,
Здесь митингуют, там ебутся
Под сенью хлипких баррикад.

С балкончика Куркова Белка
Визжит, впадая в лютый раж, —
Вести так может только целка
Из-под бандита репортаж:

«Подходят?! Умоляю, сестры,
Храня семью, уйдите все!!!
Прочь!!! У солдат лопаты остры!!!»
Всяк помнит Белку в «Колесе».

И впрямь — на приступ лезут танки,
Подходят к зданию войска...
Слегка охуевают панки,
А маньеристы — не слегка.
Но тут вперед шагнул Лука.

Ни танки, ни причина спора
Герою были невдомек.
Он всем бы этим пренебрег,
Но — опоздать ввиду затора?!

Во мрак, под ливень хладных струй,
Он в честь Клариссы поднял хуй,
И путь пердучим бэтээрам
Он преградил могучим хером!

## устами народа

А репортеры, помня долг,
Меж тем из камер — щелк да щелк!

И, дрогнув, техника стальная
Поспешно отступила в дождь.
Приободрившись, молодежь,
Бензин в бутылках воздымая,

За ней рванулась. Чья-то кровь
Течет. Победа уж маячит.
Героя ищут вновь и вновь.
Куда!.. Уж он далече скачет.
Все по хую, когда любовь!

(Стихом лукавым, вороватым
Я забежать вперед не прочь.
Лука первейшим демократом
Стал в роковую эту ночь:

Попав под объектив, юпитер,
Явил елду во весь экран
Лука Мудищев, славный лидер
Демократариев всех стран!)

Он в парке. Павильон молочный —
Недели три как бар полночный —
Чуть светится среди листвы.
Дождь кончился. Луна восходит
И око томное наводит
На тихий уголок Москвы.

Лука дрожит... Пред ним Кларисса
Сидит за столиком кафе.
На ней гипюр белей нарцисса
И кожаные галифе.

О нет! С девического стана
Струится к туфелькам хитон...
Она — Джульетта и Татьяна!
(То я ошибся, а не он!..)

## УСТАМИ  НАРОДА

Мудищев скромный — ни полслова
Про доблесть хуя боевого
И про отпрянувшую сталь!
Смутясь, подсел к своей Татьяне,
Чей столик был накрыт заране —
Искрился под луной хрусталь.

Кларисса, чтоб начать беседу,
Провозгласила: «За Победу!
Там кто-то применил в толпе
Оружие древнейшей фирмы —
И отстояли новый мир мы,
И рухнуло ГКЧП!»

В сей дикой аббревиатуре
Лука не понял ни хрена,
Но все ж, галантный по натуре,
Хрусталь напенил дополна

И молвил: «Выпьем за Свободу,
Коль вы про это... Год от году
Свободней мы ото всего!
Пусть ваш я пленник — что с того?»

Меж тем ликует и Природа.
Всегда любезна ей Свобода.
Уж, восхищенья не тая,
Осинки шепчутся нестрого,
А света лунного так много,
Что слышно пенье соловья
(Который умолкает к лету,
И слышен разве что поэту).

Внезапно чувствует Мудищев,
Что хуй воспрянул под столом —
И стол, как некогда в былом,
К луне взмывает над хуищем!

Дробится, ебнувшись, графин,
Вхрясь разбиваются фужеры.

Официантки, как мегеры,
Вопят истошно: «Гражданин!!!»

К Луке почуяв уваженье,
Кларисса щиплет свой гипюр
И вдруг спасает положенье:
Пять крупных достает купюр,
Чтоб щедро возместить мегерам
Убыток, причиненный хером.

...Лука считает по рублю,
Кларисса счет ведет по тыщам!
Колени преклонил Мудищев,
Пролепетав: «Я вас люблю...»

Но, уклонившись от объятья,
Она в ответ: «Должна сказать я,
Что, в свете новой полосы,
Купить вам надобно джинсы!»

«Но где средства?!» — И к ножке стула
Припал Мудищев головой.
«Ах, но проблем, — она шепнула, —
Я в круг введу вас деловой,

И ваш доход — не за горами!»
И опахнула веерами
Громадных бархатных ресниц,
Подобных крыльям райских птиц.

Под этим взглядом благосклонным
Он вдвое сделался влюбленным:
Лука попался в переплет,
Его манит запретный плод!
..........................................
Прошло три дня. Лука страдает.
«Не любит? Любит?» — он гадает,
Как вдруг стучатся у дверей:
«САМ ждет! Поедемте скорей!»

В плену воспоминаний милых
Понять он сызнова не в силах,
Чем вызван вызов САМОГО,
Куда везут и для чего?

Подъехали к тому же зданью,
Пред коим воевал Лука.
Ведут наверх — и к ожиданью
Зовут: «Побудьте здесь пока».

Он ждет безропотно в приемной,
Уж так ведется на Руси,
И слышит откровенный, ровный,
Чистейший голос Би-би-си:

«Сегодня утром, ровно в десять,
Мудищев прибыл в Белый дом.
Решили крест ему навесить,
Добытый воинским трудом!»

Лука вскричал, едва услышал:
«Мне — крест?! За то, что вынул хер?!»
...Но тут к нему неспешно вышел
Великий Князь СССР.

Медведистый, обширный Дядя,
Высок, достойно седовлас,
Промолвил, на героя глядя:
«Я рад, что разыскали вас!

К столу садитесь. Выпьем чаю.
Вы поддержали нас в беде.
Благодарю вас — и вручаю
Высокий орден ЗБД!»

...Крест православный величавый —
И растопыренный, как бант, —
Орел российский двоеглавый,
Родной истории мутант:

Главы без головных уборов
Единовздорный кажут норов,
На общих крыльях воспорхнув,
Но друг от друга отвернув
Прицельный глаз и острый клюв...
(Ну, как тандем Собчак—Невзоров.)


«Вы — демократ. И хошь не хошь, —
Князь велегласно продолжает, —
Одушевленно молодежь
В стратегии вам подражает!


Защитник Белого вы дома!
Вот — орден ваш! Вот ваша честь!
Пусть ваше имя всем знакомо —
Еще знакомей станет днесь!


Вы сделались бичом для бунта
И подавили гнусный путч!
Узрев оружье ваше, хунта
Бежала прочь, наделав куч!»


Орденоносный демократ
В отель с наградой скрыться рад,
Забиться в угол, точно крыса,
За неимением джинсов.


И вдруг — звонит ему Кларисса!
«В "Национале", в семь часов
Я буду ждать вас! Там впервые
В круги войдете деловые!»


...В шуршащем люрексе нарядов
Она ведет Луку к столу —
И что ж? Егор Борисыч Лядов
Сидит под лампою в углу,

А с ним в обнимку — Пенисэнко,
Почти вишневого оттенка:
Уж пьянь идет на всех парах
Со вдохновением великим.
А во главе стола — Елдыкин,
Сысой Самсоныч, патриарх.

Оформлен стол вполне фольклорно
Для встречи боевых дружков:
Сверкает водка чудотворно,
Дымятся копья шашлыков,
Селедка, огурцы, капуста
С волненьем ждут зубного хруста.

Объятья, хлопы по спине:
«Заматерел же ты, Лукаша!» —
«Какая встреча!.. Как во сне!!!» —
«Налить ему! Живей, Елдаша!» —
«Ну, други, к выпивке! К еде!
За кавалера ЗБД!»

«Сегодня он — по всем экранам, —
Ощерил зубы Опанас, —
И вот он с нами, за стаканом!»
А Лядов молвил: «Ты сейчас
Есть достояние народа,
Национальный раритет!
Я заявляю тет-а-тет:
Ты — уникум! Сама Природа!
Ты осознал?!» — «Ну, осознал!» —
Лука, откашлявшись, сказал.

(Хуй, вставший в силу осознанья,
Он под столом уж осязал),
Но помогли воспоминанья:
«Как наш заводик, ваш обком,
Как город наш, товарищ Лядов?» —
«Все — хлам! Да ты — отсталых взглядов!
Летит все это кувырком!

Обком не бизнес! Он — в обломе!
Я, правда, сколотил в обкоме
Первоначальный капитал...»
Тут Пенисэнко: «В деревеньке
Я тоже кой-какие деньги
Партийным потом пропитал!»

«Мы фирмы основали оба, —
Продолжил Лядов. — Вери гуд!
Я — «ЗВОНОХЕР», он —
«СОПРИМУД»...
Но в розницу мелка утроба
Для привлечения валют!
В трест «МУДОЗВОН» мы фифти-фифти
Слилися — я и Опанас!
Дерябнем, други! Осчастливьте!
В партнерстве — равенство у нас!
...Клариссой можем мы гордиться —
Наш брокер, наша ученица,
Шустрит по бизнесу весьма!»

«А как там Клавдия, Фатьма?» —
Мудищев робко вставил слово.
И Лядов доложил в ответ:
«Клавдюха быстро и толково
Приобрела авторитет
Как лидер женассоциаций,
Да жаль — не выпустила акций!»

Добавил Опанас: «Сама
И мучится! Тупее палки!
...А вот доярочка Фатьма
В своей обширной коммуналке

Организует филиал
«Освобожденья Татарстана»
И под портретом Чингисхана
Воспроизводит беспрестанно
Детей, как нацпотенциал!»

Тут поднажали все на водку,
И вновь Е.Б. раззявил глотку:
«Что ж ты не спросишь, как Елдык?
Узнай: он гендиректор треста!
Фигура годная для места:
И ветеран, и кадровик,
И представитель коллектива!
Нельзя же без презерватива!
Того гляди прилипнет СПИД,
И фининспекция не спит...

Елдыкин — главная персона!
Сложившись, члены «МУДОЗВОНА»
Ему решили акций дать
Десяток — на мильонов пять,
Ввиду такого прецедента!» —
Елдык промолвил: «Два процента, —
Но с ними все решаю я.
Хуй без меня вам! Ни хуя!..»

На это Лядов крикнул: «Браво!»
Елдыкин, тяпнув, замолчал,
А Опанас взглянул лукаво
И головою покачал...

И Лядов начал: «Для кредита,
Чтоб расцвести наверняка,
Нам нужен — не гляди сердито —
Твой славный инструмент, Лука!»

Кларисса молвила с почтеньем:
«Гарантией, обеспеченьем,
Престижем дела станет он
В объединенье «МУДОЗВОН»!»

Лука, челом склонившись к блюду,
В мозгу мутилось у него,
Спросил: «А что я *делать* буду?» —
«Да ровным счетом — ничего!

Не станешь вкалывать на БАМе,
На дамбе, в космосе — нигде!
(Слова подобные при даме
Произношу лишь по нужде!)

Ишачит ли, скажи, статуя
Бесценная?.. Да так сидит!
Но под нее, бесценность чуя,
Дают порядочный кредит!

Друзья! За чистое искусство,
Чьи ценности всегда в цене!..
Прибор твой — с ними наравне!
Лукаша, хлопнем! Где капуста?..»

Кларисса крикнула: «Поддать!
Под инструмент таких кондиций,
Егор Борисыч, можно ждать
И зарубежных инвестиций!»

И, добродушен, точно танк,
Егор достал какой-то бланк,
В густых усах улыбку кроя:
«Автограф у тебя, героя,
Прошу на память!» И Елдык,
И Пенисэнко — просят трое.
...Лука дает: ведь он привык.

Лишь поздним утром, еле-еле,
Герой прочухался в постели.
Поводит и мутит Луку,
Влечет к холодному пивку.

В руке зажато что-то было.
Абсурд! Абстракция и сюр!..
Уж не талончики на мыло —
Пучок зелененьких купюр!

На них — старик. Жабо и букли, —
Видать, парик на голове...
Прощу прощенья за три буквы,
Но это были СКВ!

Лука, трезвея понемножку,
Подносит доллары к окошку.
А там, внизу, не так далек —
Пивной обоссанный ларек

И очередь. О, вожделенье!
...Преодолев свое томленье,
Он зубы сжал — и пренебрег
Похмельной тягостию лютой:
За пиво платят ли валютой?!

(А я — пойду. Люблю ларьки.
Когда б Лука со мною вышел,
Он много видел бы и слышал...
Но я отправлюсь без Луки.)

Народ к ларьку теснился стадно
Был средь народа и Елдык,
В «Национале» преизрядно
Подзаложивший за кадык.

У Елдыка в чаду, в напряге,
Как нынче говорят, «в абстяге»,
Горели тело и душа,
Да вот в кармане — ни гроша,
Одни лишь акции, бумаги!..

Тоскливо старец заикал,
Следя, как сетчатая пенка
Венчала вмиг чужой бокал.
Вдруг появился Пенисэнко:

«Елдык! Томишься, аксакал?
Дай, поднесу!» — «Ай, Опанаска,
Ай, благодетель мой, уважь!»

...И облегчающий кураж
Дарует кружка, словно сказка.

Еще одну! И в третий раз!..
Радушно платит Опанас
И, усмехаясь, ждет реакций.
«Как мне тебя благодарить?!»
А тот: «О чем тут говорить!
Ну, впрочем, свой десяток акций
В знак встречи можешь подарить!»

Елдык поспешно и счастливо
Их достает: «За рай, за пиво —
Бумажки, сущее говно?!
Я в них не верю все равно,
Как ветеран социализма!
Да мне они — что в ухо клизма!
Бери хоть жопу подтирать!
Ты спас меня, ебена мать!»

Осуществилась роковая
Продажа, сделка с похмела...
Так жажда русская живая
Вершит великие дела.

И Опанас, весьма довольный,
Припрятав акции, исчез.
В его руках — пакет контрольный,
На два процента перевес!
Теперь переманить Лукашу —
И Лядов ебнется в парашу!

Недолго, вспученная путчем,
Россия тешилась, пьяна.
Сюрприз, — но образом не лучшим
Переменились времена;

Уже кремлевские палаты
И Смольный у Невы-реки
Позанимали демократы,

И честным манием руки
Себе утроили зарплаты;
Уже, смирясь, большевики
Гурьбой пошли в биржевики;

Сидели уж гекачеписты
В своей «Матросской Тишине»;
Не голых девок — крупно пизды
Экран казал родной стране;

Уже пред УРБИ и пред ОРБИ
Отрекся от престола Горби;
Уже, взъебясь от братских уз,
Распался на хуй весь Союз;

Уже, потомкам в назиданье,
Стал Петербургом Ленинград:
Очистит старое названье
Недавний засраный уклад;

Уж на банкете юбилея
Одной из нынешних газет
Парижских устриц, не жалея,
Ел Быков, юноша-поэт;

Нужда в вечерних туалетах
Уже пришла; в один момент
Уже расселся в кабинетах
Вчера гонимый диссидент,

Который сытно в Монреале
Жил в ностальгической печали —
И уж на родине царит,
Клопино вздут и сизо брит;

Уже сулили перемены
Всем-всем — Свободу!.. Но к зиме
Освободились только цены
И повредили всех в уме;

Народ, расплавив серп и молот
И сбыв их как цветной металл
В Эстонию, — узнал уж голод
И умиляться перестал;

Была уж помощь всей Европы
Мала для наших безнадюг;
Страна уж запылала с жопы,
Точнее, — снизу, там, где юг;

Уж бойко мирные народы
Бодались, пробуя постичь,
Какой теперь из рода в роды
Их омудачит новый китч;

Ансамбль «Майдан» играл в Париже,
Чтобы французам помнить впредь,
Как казаки в былом престиже
Взметали шашку или плеть;

Подзатупив еще в застое
Свое разящее перо,
С экрана драматург Зеро
Вещал решение простое:

«Для телевизорной страны
Отныне книги не нужны!
Диктует рынок, что таланты
Должны податься в коммерсанты,
А коли не оставят блажь,
Придется выйти им в тираж!»

...Не ожидали этих штук вы,
Живя с одной лишь буквы «г»?
Теперь живите на три буквы,
Прошу прощенья, — СНГ!

И с недокорму ли, с испугу
Главы двуглавого орла

Сцепились, обратясь друг к другу,
И схватка ярая пошла!

Рвут перья! Мерзнет отчего-то
Их общий щипаный живот.
На демократа — патриот,
А демократ — на патриота!

Никак Мудищев не поймет
Свирепой драки беспобедной:
В одном лице Мудищев бедный —
И демократ, и патриот.
(Он, впрочем, занят лишь Клариссой
За страстью, словно за кулисой.)

Всем переменам вопреки,
На сломе строя и эпохи,
От гордой девы только крохи
Перепадали для Луки:

Рукопожатья, взгляды. Тянет
Кларисса время. Приманит —
И оттолкнет! Башку туманит!
Короче говоря — динамит.
Когда ж взорвется динамит?!

...Кларисса, тщательно европясь,
Недавно заимела офис
Издательский, середь Тверской.
Туда с надеждой и тоской
Текли писатели рекою.

Там вновь я встретился с Лукою.
(Видать, за брокерскую сделку
По привлечению Луки
Из «МУДОЗВОНА» старики
Клариссе дали не безделку!)

Мы в кабинете в этот миг!..
В нем все и кожано, и ярко.
Побулькивает кофеварка,
Ждет «Амаретто» между книг,
А над хранилищем спиртного —
Кларисса кисти Глазунова.

...Пред ней самой стоит, дрожа
И потно рукопись держа,
Поэт московский, юный Быков,
Как еж, топорщась от воскликов
И льстивых остроумных фраз.
К нему Кларисса: «Что у вас?
Я издаю лишь о царизме
И куртуазном маньеризме!

Вы — маньерист? Тогда на вас
Солидный припасен аванс!»
«Бухгалтер? Касса? Что за скука!» —
«Нет, мой пример — другим наука!»

Кларисса — хлоп на край стола
Стопу двухсотенных бумажек!
...Мудищев смотрит из угла
И лыка в бизнесе не вяжет.
Воскликнув: «Частникам — хвала!» —
Уходит ободренный Быков,
Аванс в карманы позанykав...

Тут, обеспамятев, Лука
Подходит к ней. Его рука
Скользит по девственному стану,
Влечет к сафьянному дивану...

Мучительница в сотый раз
Твердит: «Не здесь и не сейчас!»
...Давно наскучившая сценка.
«Когда же?!» — «Скоро будет йез,
Пришлю за вами «мерседес»!»

Вдруг бодро входит Пенисэнко
И молвит, шляпу теребя:
«Кайфовый офис у тебя!»

Из офиса, как из застенка,
Как из-под пытки, мой Лука
Идет вослед за Пенисэнко
В кафе «Делец у камелька».

Коньяк, два кофе, два салата,
Мороженое «Менеджмент» —
И Опанас из дипломата
Достал какой-то документ:

«Не будет от Клариссы толку!
У динамистки — все каприз!
Не отдохнуть ли втихомолку?
Не съездить ли тебе в круиз,
Ну, этак месяцев на девять,
А то и более того?»
А тот: «А что я буду *делать?*» —

«Да ровным счетом — ничего!

...Кохайся с дівками, жируй,
На дельтапланах воспаряй,
Да посильней символизируй,
Покрепче олицетворяй!

...Отели, пляжи, харч хороший,
Бат-Ям, Таити, Лиссабон!
К тому ж завсім нэ трэба грошей:
Вояж оплатит «МУДОЗВОН»!
...Тем временем твоя царица
Соскучится — и согласится!..

Подумай, хлопчику, — как есть
Отобразит тебя фотограф
В Кейсарии! Вот только здесь
Поставить нужно твой автограф!

Езжай! Приятность велика!»
...И расписался мой Лука.

..............................

Мудищев у себя в «Элладе» —
Подворье бывшего ЦК.
И что ж, скажите, Бога ради,
Нащупывает мой Лука
В кармане левом пиджака?! —

Конверт зеленых! Скоро спятит
Мудищев: сызнова сюрприз!
Не только за круиз не платит,
А получает за круиз!

Он лезет в шкаф — припрятать деньги
Там, на распялке, как на стеньге,
Уже давно висят джинсы
Вполне гонконговской красы

И куртка в блямбах фурнитуры:
Сильны зеленые купюры!
...Мудищев, зверски утомлен,
Лег на кровать — и видит сон.


**ВТОРОЙ СОН ЛУКИ МУДИЩЕВА**

Как лебедь, яхта входит в бухту.
Прильнув к тропическому фрукту,
Впивая фейхуёвый сок,
Лука глядит на городок:

Полу-Кейптаун, полу-Ницца,
Где с пальм, как будто наяву,
Сигают финики в траву,
Где море к берегу теснится,
Разглядывая на земле
То небоскребы, то шале...

Виденьем зачарован этим,
Лука всю жизнь смотреть готов,
Как гордо высится Манхэттен
Среди Азорских островов!

Живет он в сказочном отеле,
А может быть, в полудворце.
Он утром шоколад в постели
Пьет со снобизмом на лице.

Лука знакомства расширяет.
Порой в компании друзей
Он в Средиземное ныряет
Иль ходит в лондонский музей,
Иль, вынув хуй, играет в теннис,
Партнерский побеждая пенис.

Дельцы сдружились с ним давно,
А также звезды Голливуда:
Он — представитель «ЗВОНОМУДА».
Иль «МУДОЗВОНА» — все равно!

Кругом девиц — земли не видно!
Но всех затмила, как мечта,
Принцесса юная Кларинда,
Полудругая, полута...

Он наслаждается открыто
Восторгом жизни половой,
Он пьет блаженство, как в корыто
Уйдя в Кларинду с головой.

Луку однажды в зал банкетный
Ведет Кларинда. Стол несметный.
Но что ж он видит?! За столом —
Толпа оставленных в былом!

Полу-Кларисса, полу-Лядов
Жрет крабов, требует салатов.
Полу-Елдык, полу-Горбач
«Камаринского» пляшет вскачь.

Еще страшней, еще чуднее:
Серп с Молотом грустят в пизде.
Тяжелый орден ЗБД
Великий Князь влачит на шее,
И, в задницу воткнув перо,
Витает драматург Зеро.

Орел двуглавый расщепленный,
Поджаренный и подсоленный,
Плывет на блюде с огонька.
Две полутушки цыплака
В гарнир зарылися зеленый —
Из СКВ наверняка.

И вдруг прекрасная Кларинда
При всех, нахально и бесстыдно,
Пустилась раздевать Луку!
Рвет брюки, стягивает смокинг.
Не знал он, что подобный шокинг
Случится на его веку.

...Меж тем с Мудищева сдирают
Уже и нижнее белье!
Все, сгрудясь, на елду взирают,
Все указуют на нее,
И все кричат: «Мое! Мое!»

Все — только сон и несуразность!
Он счастлив, он в стране родной!
(Всегда я рад заметить разность
Между Мудищевым и мной:
Уж я-то превозмог бы ужас
И там остался, поднатужась!)

...Врубил он телик после грез:
Был вечер одинокий долог...
В конце «Вестей» вещал астролог
Астрологический прогноз:

«Сегодня в полночь Львы и Рыбы
Успешных сделок ждать могли бы;
Напьется Дева; Скорпион
Искусством будет упоен;
Сношаться раком будут Раки...
Лишь Близнецам в полночном мраке,
По-русски говоря, — пиздец!»
Лука подумал: «Я — Близнец...»

I

Уж ночь дела свои вершила,
Настырно капая с небес,
Как вдруг внизу гудит машина:
То белоснежный «мерседес»!
Герой в боязни и в хотенье,
Джинсы напяливши в смятенье,
По лестнице скатился вниз
К машине лучшей из Кларисс!..

Шофер в кафтане стиля «Память»
Лениво выдавил с трудом:
«Мудищев? В загородный дом
Мне вас приказано доставить.
Вы сами знаете к кому».
И «мерседес» рванул во тьму.

II

Средь буераков невозможных,
В лесу, где сотый километр,
«Инфляция!» — прохлюпал дождик.
«Эмиссия!» — присвистнул ветр.

Перед Лукою на опушке
Чуть светится окно избушки:
Подслеповата и черна,
Вот-вот развалится она...
Но ей Лука фольклорным ладом
(Весьма со сказками знаком)
Сказал: «Вертайся передком
Ко мне!.. А к лесу — можешь задом!»
Та повернулась передком,
Оборотясь особняком.

### III

Скульптуры, лепка, колоннада,
Порфир, граниты и каррар...
Луку впускает без доклада
Весь в коже блещущей швейцар.
Луке лицо его знакомо:
Когда-то из родного дома
Он, заявившись вчетвером,
Луку изъял на космодром!..
Спокойный, твердый, позитивный,
Героя обнял Старший Плащ,
Что был особенно блестящ
В ночь выемки оперативной:
«Как благодарен я судьбе,
Что я покинул КГБ!..»

### IV

«Я Главконструктором ретивым
Тебя приставлен охранять!
Служу я частным детективом.
Мудищев? Должен ты понять,
И ты поймешь довольно скоро,
Что стал ты яблоком раздора,

Что сгинешь ты наверняка,
Не будь опеки ВПК...
...Промышленный военный комплекс —
Коли трех букв ты не поймешь —
Тебя не выдаст ни за грош,
За арсенал твой беспокоясь!..
Иди, — прибавил он, — ебись,
Но повторяю — берегись!»


V

Герой вошел... Ого, однако!
Средь холла — мраморный бассейн.
До поражения Ирака
Такой имел один Хуссейн!..
Крылами розово блистая,
Там плещется лебяжья стая...
...На гнутой павловской скамье
Полулежит, как Рекамье,
Кларисса... (Не хватает духу
Е. Булкину — уж виноват! —
Живописать ее наряд,
И туфли розового пуху
Из этих самых лебедей,
Необходимых для людей.)


VI

Одна Смердинская Аннета,
Отменно зная высший свет,
Способна описать все это:
И неглиже, и этикет...
...Кларисса подает ликеры
И начинает разговоры
Луке невнятные, как сленг,
Под чай и лепестки меренг:

«У Бродского — концептуальность
При виртуозности стиха.
Кибиров — тот не без греха,
Впадает иногда в банальность...»
И, видя, что не петрит он,
Зевнула вдруг — и вышла вон!..


## VII

Красней, чем листья барбариса,
Застыл трепещущий герой
Пред входом в спальню, где Кларисса
Шуршит и звякает порой...
Неужто здесь, в лесу, средь ночи,
Мудищев — сызнова в отскоче?
Неужто Пенисэнко прав,
Рисуя динамистки нрав?..
Страсть все на свете заслоняет,
Кипит и холодеет кровь.
То Настоящая Любовь
Мудищева переполняет...
И вдруг он слышит, господа,
Из спальни зов: «Иди сюда!»


## VIII

...Там шкура белого медведя,
Душистый впитывая зной,
Пред ложем распласталась, бредя
О льдинах Арктики родной...
Перед Лукой, изнемогая,
Лежит Кларисса — вся нагая!
Как неизвестная страна,
Холмов, пещер, лесов полна...
Тогда, не молвив ни словечка, —

Уж он покажет!.. Цель близка! —
К ней пылко бросился Лука —
И... и — не смог! Позор! Осечка!
Ведь хуй что чай: перестоит —
И потерял товарный вид!..

## IX

Доказывай, что ты влюбленный,
Тверди — деяниям взамен:
«Вставай, проклятьем заклейменный!» —
Не встанет беспартийный член.
Лука сникает безутешно:
Прощай, любовь; прощай, надежда...
Он смят, повержен, побежден,
Не нужен в этом мире он!..
Прощай, манящий образ дальний;
И небоскребы, и шале,
Все наслажденья на земле,
Любовь под небывалой пальмой!..
Какой позор, какой конфуз
На весь, пусть бывший, но Союз!
..............................................
(Пардону я прошу у Саши:
Его строфа тесна Лукаше!
Я отхуячил девять строф,
Не наломав при этом дров!..)
...Кларисса, не утратив чести,
С презреньем,
   с гневом,
      с жаждой мести,
Накинув кимоно «Джапан»,
Уселась молча за экран,
В ночи передававший «Вести»
Для бизнесменов дальних стран.
...Герой опешил от ночного
Стального голоса Гурнова:

## устами народа

«Успешно завершились торги по продаже акций треста «МУДОЗВОН». Большая половина акций, обеспечиваемых национальным раритетом, принадлежащим народному герою Луке М., закуплена инофирмами. Однако брокеры обескуражены слухами, что основатель треста Е.Б. Лядов, как и его гендиректор С.С. Елдыкин, вложившие крупные суммы в рекламу и представительство, близки к банкротству, а контрольным пакетом акций обладает сейчас соучредитель треста О.Т. Пенисэнко, который и продал их почти полностью за границу. Обладатель контрольного пакета Пенисэнко располагает эксклюзивным правом распоряжаться и самим обеспечением — раритетом Луки М. Меж тем инофирмы, купившие акции, по законам маркетинга, требуют скорейшего вывоза раритета за границу в качестве гаранта акций. Перед «МУДОЗВОНОМ» встает вопрос о немедленном разделе национального раритета. Дело осложняет вмешательство бывшего Главконструктора бывших космических ракет бывшего СССР, который настаивает на компетентной экспертизе, заявляя, что если две одноименные детали раритета еще можно разделить, то при разделе третьей и единственной его детали весь стратегический потенциал раритета рухнет».

Лука, потерянный, наивный,
Уразумел не все подряд:
«Маркетинг»,
        «брокер»,
                «эксклюзивный» —
Американский, что ли, мат?

...Он весь подобен воплю, стону —
Впервой крушение, хоть плачь!
(...Меж тем спешил по телефону
Звонить куда-то Старший Плащ...)

С ним не простясь, Мудищев вышел,
Побрел, качаясь, по шоссе.
Машин кругом он много слышал,
Но мимо проносились все:
Жадны такси и транспорт частный
В бензинном нищенстве своем.
Вотще голосовал несчастный
Вновь оклемавшимся хуем.

«Вот как выходит на поверку, —
Подумал он, смахнув слезу, —
Лишь холод царствует внизу,
Когда Любовь уходит кверху!
Мощь увядает, как цветок,
И ниспадает между ног...»

Так он пешочком шел во мраке,
Хуем по соснам колотил.
...К нему на черном «кадиллаке»
Егор Борисыч подкатил:
«Не трать народное владенье!
Ты — страж его, в конце концов!»
...Лука на заднее сиденье
Промеж двух ражих молодцов
Садится. Полетели быстро!
В запасе — полная канистра!
Вдруг видят: следом прет «пежо»!
В нем элегантный Пенисэнко
И три амбала, точно стенка.
Догонят, врежутся, ужо!

...С проселка между тем спешила
Красноармейская машина,
Зеленый бодрый «козелок».
«Стоять!» — оттуда в репродуктор
Рычал командно Главконструктор,
При нем — солдатиков пяток.
И все столкнулись в должный срок!

Загородили всю дорогу —
Пустыню, внемлющую Богу
И представителям ГАИ.
Наружу, злобою объяты,
Амбалы лезут, и солдаты,
И престарелые хуи.

Нисколько ярости не спрятав,
Орет на Пенисэнко Лядов,
Его хватая за грудки:
«Ты, сука нынешнего века,
Позорная для человека,
Круиз для моего Луки
Придумал, чтобы скрыть грешки!
Не скроешь! Ты десяток акций
Перекупил у Елдыка, —
Подлец! Лукавая башка!
Мешок вонючих провокаций!»
А тот ему: «Мудищев — мой!
В моих руках пакет контрольный!
Заткнись, мудило малахольный,
Вези говно свое домой!»

И — в рыло, в рожу, в морду, в хайло,
Забывши всяческий резон,
Творят великое пихайло
Партнеры треста «МУДОЗВОН».

В хмельном воинственном восторге,
Выная нож и пистолет,
Примкнули к битве и шестерки...
(Е. Булкин рад, что он поэт:
Не рассказать бы это в прозе!
В поэзии — куда милей!)

Врагу сочнейших пиздюлей
Навешивает мафиози.
Противник, хрюкнув, точно хряк,
Ему в ответ: хуяк! хуях!
Бац! Хрясь! В ебальник — р-распиздяк!

Пришлось их разнимать солдатам,
По спицам ебнув автоматом;
А Главконструктор, сделав вольт,
У Пенисэнко вырвал кольт...


...В обеих мафиях, в ораве
Никто не пострадал всерьез.
Один Лука без чувств, без грез
Уже давно лежал в канаве,
Не зная, кто и почему
Нанес ранение ему.


«Вот, вот цена российским фруктам
Капитализма! Вот урок!» —
Сказал солдатам Главконструктор,
Внося героя в «козелок».
. . . . . . . . . . . . . . . . . . . . . . . . . . . . .
Лука без чувств куда-то едет,
Он в лучшей клинике уже...
Знакомец давний, Хуйфец Эдик,
Над ним склонился в мандраже:


В больнице — ни бинтов, ни йода,
Ни прочих надобных веществ!
От всех лекарств теперь — Свобода!
И Хуйфец, побледнев, исчез, —
Зовет хирурга Поцнельсона...
Сия высокая персона
В халате, рваном на боку,
Явившись, точит ржавый скальпель.
А капельница десять капель
Кой-как откапала в Луку.


Бедняга — в операционной.
Заносит скальпель Поцнельсон.
Под наркотою порционной
Мудищев бредит (видит сон).

## ТРЕТИЙ СОН (ТОЧНЕЕ, БРЕД) ЛУКИ МУДИЩЕВА

...Идет дележ полей, республик,
Флотов, музеев и краев.
Перегораживают кубрик
Матросы с помощью хуев.

Вот пилят шапку Мономаха,
Вот рубят книги и слова.
Тебе — без рукавов рубаха,
Мне — без рубахи рукава!

Вот педерасты делят жопу
На Азию и на Европу,
А лесбиянки на авось
Пизденки бритвой делят вкось.

Вот половинят деловито
Портрет, дрезину, батискаф.
На порции антисемита
Евреи делят, разыскав.

На лампы разбирают телик,
На хлопья ватные — диван.
С калмыком степь родную делит
Не слишком гордый внук славян.

На рожки-ножки рубят черта,
Дробят и Бога без стыда,
Кромсают результат аборта:
Ведь все же мясо, господа!

Водяру мерят, кто как может,
И «Рейса» рассекают дым...
С поэтом Быковым младым,
Попавшись, иглы делит ежик...
Раздрай, раздел, дележ, дробеж,
И — без прикрытия — грабеж!..

Разъединяют пассатижи,
Взрезают семена в земле...
И придвигается все ближе
Дележ к герою на столе!

А мой Мудищев полумертвый
Лежит недвижный, распростертый, —
Чуть слышит инструментов цок,
Чуть ощущает хлорки запах.
Одно яйцо глядит на Запад,
Ну а другое — на Восток!

Он — западник славянофильский,
Он — патриото-демократ!
И шприц в него вонзают финский,
Вводя бразильский препарат.

Бессильный, вялый, как медуза,
По землям бывшего Союза
Расплюхан и распят герой
Меж Мурманском и Бухарой.

...Вокруг не ампулы — бутылки.
И к яйцам свешенным как раз
Стремят не скальпели, а вилки
Елдыкин, Лядов, Опанас...

А Главконструктор, чуть заметный
Средь перегара Перемен,
Для Экспертизы Компетентной
Оберегает сникший член.

«Сейчас разделают, как зайца! —
Мудищев думает в бреду. —
Распределят, конечно, яйца,
Но как распределить елду?

Неужто, окромя Любови,
Утрачу я и Раритет?!»

...Вдруг Поцнельсон воскликнул: «Нет
У нас четвертой группы крови!
Переливание Луке
Немедленно необходимо!»
...А Эдик Хуйфец вдалеке
Шепнул: «Скончается, вестимо...»
............................................
Но тут героя моего
В минуту злую для него
Не думайте, я не оставлю
Напротив, я в эфир направлю
Воззвание или призыв,
Который мне диктует Муза:

«Всем, кто еще в Отчизне жив!
Всем людям бывшего Союза —
В Тбилиси, в Киеве, в Москве!!!
Мудищева не сбагрим в трупы!!!
Потребна кровь четвертой группы,
При отрицательной RW!

Пускай лихие демократы
И патриоты всех мастей
Кровь отдадут не ради платы,
А ради совести своей!

Прошу и старца, и мальчонку,
И средний возраст — вновь и вновь:
Не за тушенку и сгущенку,
За просто так пришлите кровь!

Не нужно даже «формы девять»!
Пришлите просто в пузырьке!
Сомученики! Надо сделать
Все, чтобы подсобить Луке!
Все, чтобы только не настало
Уёбища — сиречь финала!

И верю: встанет мой герой,
Едва вберет его природа

Кровь милосердного народа!
Он жизнью заживет второй!

Он всех геройством озадачит,
К родимым воротясь краям,
И — хуй ли? Хуем захуячит
Всю-всю хуистику к хуям!

*1966—1992*

### Владимир Ефимов

## ГОРОДСКОЙ ДРОЧИЛА

Я как-то вышел в город,
Вокруг ужасный холод,
И начал я массировать елдак,
Он быстро поднимался,
Народ вокруг смеялся,
Но вызвал мусоров один мудак.

Я добежал до хаты,
Стал пялить тетю Капу,
Но под окно примчались мусора.
Тогда я вспомнил снова
Про Дуньку Кулакову,
Но Дуньке не досталось ни хера.

Из шкафа вылез педик
По кличке Дядя Эдик
И, задницу отклячивши, урчит,
Кричит, что он какашка,
Но съест мою дурашку,
Поскольку у него есть аппетит.

По дому я метался,
Со страху обосрался,
А Эдикова задница за мной,
Но честным я остался,
И мусорам я сдался,
Теперь дрочу спокойно в Столбовой.

## ВХОДИТЕ, ТЕТЯ

Входите, тетя! Как вы живете?
Давайте ваши пилотки в гардероб!
Позвольте ручку! Меня не мучьте!
Я так давно постельно одинок!

Ну, не пугайтесь! И не смущайтесь!
Давайте вместе к коечке хилять!
Мадам, нагнитесь и повернитесь!
Я помогу вам юбочку задрать!

Давайте быстро! В постельке чисто!
И я сумею до вечера вам дать
Часочек счастья в наш век ненастья,
И вы успеете до мужа добежать!

Ну будьте доброй! Раздвиньте бедра.
Я в вашу прелесть вставлю поцелуй!
Сожмите ляжки и низ мандашки,
Чтоб кайфовал мой одинокий хуй!

Ваш задик глажу, его уважу
И поцелую его сто раз взасос!
Но только просьба — вы стыд отбросьте!
И я в него нежно вставлю свой елдос!

Я в вас кончаю! От счастья таю!
В сетях блаженства мои муде лежат!
Но, извините, вы так кричите,
Что засмущался мой нахальный аппарат!

Стучат соседи! Вставайте, леди!
Я, право, очень нашей встрече рад!
Хотите снова? Пардон, ни слова!
Я не железный и не люблю разврат!

Ну, одевайтесь! Не огорчайтесь!
Я выбился из сил и весь облит,
А хер мой сытый, мандой умытый,
Кивает вам и за все благодарит!!!

## В СНЕГУ

Как давно все это было,
Вспомнить не могу,
Я пиздил, и ты пиздила,
Сидя на снегу,
В сугробе полбутылки
И два стакана,
Мы с тобою, моя милка,
Выпали с окна

И сидим сейчас в сугробе,
Деда Мороза ждем,
Нас погодой не угробишь —
Песенки поем.
Только вот заледенела
Милая пизда,
И уже не чует тела
Родная елда.

Подобрался я поближе,
Рядышком прилег,
Вставил то, что было ниже
Между стройных ног.
Задрожало твое тело,
Запылало вдруг,
Сразу рядом потеплело,
И ручьи бегут.

Звезды ласково сияют —
Тут уж не до сна!
С треском я тебе вставляю,
А вокруг весна.
Пусть метель со снегом воют
Чуду вопреки,
Тихо таем мы с тобою,
Как снеговики.

## ГОВНЯНЫЙ СОН

Заламывая ручки,
Совсем уже в отключке,
Сидел я в свежей кучке,
В говне, ебена мать!
Вокруг смеялись сучки,
А в небе плыли тучки,
И нас грозили с кучкою
Жестоко обоссать.

А я сидел весь голый
И очень невеселый
И развонялся страшно
На целый километр.
И все сидел и плакал,
Что хуй потерян в драке,
Что от него остался
Лишь только сантиметр.

Ну что теперь же делать,
Куды ж я буду бегать?
Ведь я же, блядь, не в силах
Без секса дня прожить.
А тут совсем без хуя —
Да кто ж тут поцелует?
И бабы замордуют,
Тудыть их растудыть!!

Я чуть не ебанулся,
Поэтому проснулся,
Сунул руку к жопе —
Хуина тут как тут,
И солнышко в окошке,
И на столе гондошка...
Я вновь заснул — и вижу:
В кустах меня ебут.

И я опять проснулся
И, пернув, улыбнулся
И ласково и нежно
Мудишки почесал,
А хер свой волосатый
Подальше сразу спрятал,
Что б кто-нибудь из зависти
Его не отобрал.

## ДОМАШНИЙ ЕБАРЬ

Раздавался звонок —
Я бежал без порток,
Дверь открывши, здоровался членом,
Заходила бабец,
Подставляла пиздец,
На нее я садился мгновенно.

И стонала бабец,
И дымился пиздец,
Я трудился, как дядя Стаханов,
И, услышавши стон,
Лезли через балкон
Сто девиц из ночных ресторанов.

И, целуя конец,
Уползала бабец,
Девки в очередь чинно вставали,
И, пока у одной
Дым стоял над мандой,
Остальные штанишки спускали.

И снимал я с елды
Молодые зады
И пинка им давал на прощанье,
И летели они,
Чувством грусти полны,
Вспоминая блаженство сношанья.

Так я жил и балдел
И от счастья пердел:
Ни забот я не знал, ни страданья —
Утром водочку пил,
Днем я шишку точил,
Ожидая ночного свиданья.

## НОЧНАЯ ЖОПА

Ночь, и на улице темно,
Я жопу вывесил в окно
И две свечи к мошонке прицепил.
Я освещаю старый двор,
А чтоб никто меня не спёр,
Свой хер к дверям я гайкой привинтил.

Упала бабка с криком «ах»,
А дева юная в кустах
На мою жопу жадно смотрит вновь и вновь.
Промчался голый старый хрен,
За ним мохнатый джентельмен,
И начинается дворовая любовь.
Но я почуял в тот же миг,
Что кто-то к заднице приник.
Я оглянулся, вижу голый передок.
Кричит девица: «Вылезай
И поскорее мне вставляй
То, что в окно ты вывесить не смог».

Девицу в страхе я стряхнул,
Окно захлопнул и икнул.
А за окном рассвет уж настает.
Я с горя проглотил стакан,
А жопу спрятал под диван
И больше не вывешивал ее.

Соседки — пышки,
Туды их растуды,
Прижали к шишке
Дрожащие зады.

Ах, член мой, член!
Ах, член мой, член!
Храни достоинство
И поднимись с колен!

Клянуся задом,
Любезные друзья,
Что мне не надо
От жизни ни хуя!
Хочу лишь много
Свободою дышать
И всю дорогу
Кого-нибудь сношать.
Голодных женщин
Повсюду до хрена,
И лишь поэтому
Несчастна вся страна,
И, что б немножко
Унять их аппетит,
С утра в окошке
Мой добрый член торчит.

Ах, член мой, член!
Ах, член мой, член!
Стань патриотом,
Мохнатый джентельмен!

## УТРЕННИЙ ЧЛЕН

Я очень мудрый
И веселый джентельмен,
В окошко утром
Я выставил свой член.
Сглотнув чинарик,
В сортире дед утоп,
Дрочила карлик
Насквозь диван проеб,
Бабуся Бобик,
Кряхтя, сняла трусы,
Пердила дворник
Усмехается в усы,
Алкаш Игнашка
Издал последний крик,
А девка Матка
Закончала в тот же миг.

Ах, член мой, член!
Ах, член мой, член!
Ну почему ты так прекрасен?
Ну зачем?

А в дверь соседки
Без отдыха стучат,
Кричат, что детки
Пиписечки дрочат.
Печально стонут,
Что я их обижал
И, раздраконив,
На шишку не сажал,
Я извинился
Как истый джентельмен,
Мгновенно взвился
Отзывчивый мой член.

Лишь окончился день —
Началась хуетень
Для моих беспокойных мудишек:
Огоньки сигарет
И совместный минет
На холме разноцветных штанишек.

## ЛЕСНАЯ ТРАГЕДИЯ

В лесу, туды-сюды,
С любовью ни в перды,
Наперечет там каждая елдушечка,
В приемной у елды
Ждут очередь манды,
А за дверьми надеются мандушечки.

Выходит старший хуй
И шлет им поцелуй,
За ним бегут служанки — мандавошечки,
А мокрые манды
Стоят, скребут зады
И ждут прихода герцога — гондошечки.

Мандушечки кричат,
И клиторы дрочат,
И разбежались в страхе мандавошечки,
Тут герцог подбежал
Но на кровать попал,
И заебали девочки гондошечку.

В лесу хоронят хуй —
Последний поцелуй,
Последняя симфония прощальная...
Последний звук перды,
Заплакали манды:
Без хуя будет жизнь у них печальная.

## ПОСЛЕДНЕЕ ЧИРИКАНЬЕ ЗАДНИЦЫ

Большая задница сидела на заборе,
Внизу передница вовсю ее хвалила,
Лакей Иван дрочил елдину в коридоре,
А девка Машка прочищала свои дыры.

Вспорхнула задница, чтобы лететь подальше,
Тогда передница заплакала, завыла,
На крики выбежала голенькая Маша
И позвала к себе огромного Гаврилу.

Пришел Гаврила, агромадный и невинный,
Схватил он задницу, чтоб та не щебетала,
Насквозь пробил ее огромною елдиной,
И в долгий обморок передница упала.

Помянем задницу, товарищи потомки,
И посочувствуем переднице печальной,
Простим Гаврилу, неразумного ребенка,
Что он не справился с елдиною нахальной!

## ОСЕННЯЯ ЖОПА

У сырого балкона
Деревянного дома
С опустевшего клена
Жопа падает сонно.
Жопа кружится сонно
И чуть-чуть удивленно
И ложится без стонов
Среди старых гондонов.

А на ветке холодной
Хуй веселый, голодный,
Автор песни народной
И всегда очень модный,
Он как ветер свободный
И совсем не безродный,
Он на подвиги годный
Для пизды многоводной.

От любви жопа тает,
Лишь о хуе мечтает,
Он же только вздыхает,
Что пизду не встречает.
И печальная жопа,
Словно листик осенний,
Засыпает глубоко
Средь увядших растений.

## ПИПИСА — РАЗРУШИТЕЛЬ

Крокодил по кличке Киса,
Усмехнувшись, лихо свистнул,
Вытащил свою пипису
И ночной квартал описал.
И погибли в том квартале
Две огромные мандали,
Стадо лысых заебонов
И отряд лихих гондонов.

И, проснувшись от потопа,
Попугай, схвативши жопу,
Быстро выстрелил по Кисе,
И упала вниз пиписа.
Разом рухнули два дома,
А вокруг раздались стоны,
И сбежались мудошлепы
Поругать небрежность жопы.

Крокодил по кличке Киса
С той поры уже не писал,
Попугай живет без жопы,
Убежав в леса Европы.
Лишь на стареньком кладбище
Юный еб то место ищет,
Где огромные мандали
Его нежно ублажали.

## ХУЕРИКИ ИЗ СКВЕРИКА

Из маленького скверика бежали два хуерика,
Над ними звезды ласково сияли,
А на воздушном шарике летели к ним хуярики
И по большим пиздарикам стреляли,

Летала жопа страстная, огромная, прекрасная,
И одиноко что-то напевала,
Схватила вмиг хуяриков, как гладеньких комариков,
И с аппетитом быстренько сосала.

Пиздарики веселые, целуя жопу голую,
По-своему ее благодарили:
С утра до самой полночи, пока она не кончила,
Они ее с усердием дрочили.

А дяденьки хуерики с огромным лицемерием
Прозорливую жопу обличали,
А сами, сунув пальчики в дырявые карманчики,
Тоскливо в свои трусики кончали.

А мальчики пиздарики, подняв свои чинарики,
Великую победу отмечали.

## НОВАЯ РЕПКА

Я повстречал вчера героев сказки «Репка»,
От скуки бабка с крыши писала в соседку,
А шустрый дедушка по девочкам скитался
И каждый вечер в унитазе отсыпался.

А одинокая наивненькая внучка
Истосковалась по мохнатой закорючке
И, от желания ничего не соображая,
Сбежала в лес и там медведя ублажает.

А поседевшая задроченная Жучка
Лежала пьяная в большой засохшей кучке,
А рядом лихо онанировала мышка
И целовала нежно кошкины штанишки.

А темпераментная голенькая кошка
Хвостом лупила диверсанта-мандавошку.
..............................................
В кустах пердела развалившаяся РЕПКА,
На ней сидела одинокая наседка.

## СЕЛЬСКАЯ ПОЕБЕНЬ

Ночь опустилась над заброшенным селом,
И что-то страшное промчалось за окном,
Взошла на небе одинокая луна,
И в старом доме воцарилась тишина.

Но захихикали тут стены с потолком,
И запищало что-то тихо у двери,
А в окна глянул одноглазый шкапиздон,
На нем сидели и пердели упыри,

Полмужика перекатилось под столом,
И заплясал на стуле старенький гондон,
Гниющий череп зарыдал в своем углу,
И растеклися лужи крови на полу.

Огромный хер пробил окно и в домик влез,
Муде вкатились, а хозяин их исчез,
И хер с мудями стали в пряталки играть,
В гондон влезая, черепушечку катать.

Влетела в дверь костляво-скользкая рука,
И грудь иссохшая свалилась с потолка,
И обняла рука трепещущую грудь,
И захихикала морщинистая жуть.

Два безголовых забежали на чердак
И отсношали разложившуюся блядь,
Из щели выкатился крошечный мудак
И начал жадно ее кости пожирать.

И очень долго раздавался тихий хруст,
Когда уже всходило солнце над селом...
Вдруг все исчезло — дом опять как дырка пуст,
И лишь валяется потрепанный гондон.

## ДОМАШНЯЯ ПОЕБЕНЬ

Пришел я как-то поздним вечером домой,
Смотрю: такое там творится — боже мой!
Кровать ругается, приклеившись к стене,
Пижама новая купается в говне.
Раздался тихий, леденящий душу свист —
Из шкафа выскочил огромный онанист.

Я глянул в угол — и со страху охуел:
Там череп желтый моей книжкою хрустел,
В дверях сидела волосатая хуйня,
И что-то лилось под ногами у меня...
Я задрожал и запердел как паровоз,
Но тут схватила меня ведьмочка за нос.

Потом не помню, сколько я под ней лежал,
А разорался так, как будто бы рожал,
Вертелась ведьмочка на шишке у меня,
А рядом выла волосатая хуйня,
Когда очнулся, я был голый как манда,
Мочалкой стала моя крепкая елда.

Остатки книжки развалились на полу,
Не стало видно больше черепа в углу,
В окно сбежала волосатая хуйня,
А яйца стали легче пуха у меня...
И испарился онанист в один момент,

**А я теперь — благочестивый импотент!**

## БОЛЬШОЕ ГОВНО

В деревне родился я очень давно,
Деревню прозвали Большое Говно,
И было всего там до жопы полно,
Там только сношались и пили вино,
А где-то у старой заросшей реки
Давили клопов господа пиздюки.

В те дни я валялся на теплой печи,
А кто-то смеялся: «Побольше дрочи!»
Я жил не тужил, сунув руку в порты,
Пока же однажды не встретилась ты.
А где-то у нашей родимой реки
Цвели поутру господа елдаки.

К реке я тебя потащил вечерком
И думал, что там от расстройства помрем:
Елдак взбунтовался — никак не встает,
А новый елдак только утром цветет.
Мы долго рыдали у сонной реки,
Смеялись вокруг господа пиздюки,

А утром расцвел обалденный елдак,
Но что-то у нас получилось не так:
Елдак побежал как рысак за тобой,
А ты, испугавшись, помчалась домой.
Один я бродил и грустил у реки,
И рядом со мной господа пиздюки.

Потом целый день собирал я без слов
Огромный букет запасных елдаков,
Но что-то опять получилось не так:
Вскочил и завыл мой голодный елдак.
Я матом ругался всю ночь у реки,
И вместе со мной господа пиздюки.

## У ДЕРЕВНИ ПЛЮХАЛЫ

У деревни Плюхалы
Две пердилы ухали
И пугали жопочки
На вечерней тропочке.

А яйцо мохнатое,
Мудро-нагловатое,
Растопырив усики,
Какало на кустики.

Наверху сиренево
Вечер ночь оценивал,
И пердели блошечки,
Хлопая в ладошечки.

Вурдалак у лешего
Грязну жопу взвешивал,
Прошлое расписывал,
Ведьме в рот пописывал.

За горою хрюкало
Бегало за пукалой,
А ягиня-бабушка,
Крыла всех по матушке.

И вязали веники
Дедушки-пельменники
И хлестали бабушку
По остаткам задушка.

Ночи делать нечего —
Целовалась с вечером,
Жарко обнималася
И в росе купалася.

И, тряся штанишками,
Танцевал я с мышками
И жалел, что ранее
Не был в Попердании.

## ВОЖДЬ БОЛЬШОЕ РЫЛО

Хожу по бабам сонным,
Вставляю им пистоны,
Мудями агромадными трясу,
А если нету бабы,
Ебу ствол баобаба,
А после его семечками ссу.

Я — вождь Большое Рыло,
Пердила и мудила,
Воняю, будто фабрика говна,
Лишь вытащу залупу —
Ложатся сразу трупы,
Поскольку как война она страшна.

Увидев мою жопу,
Народ бежит в Европу,
Бежит, спасаясь из последних сил...
Я как-то тихо пернул
И вмиг разрушил город,
А рядом два вулкана погасил.

По десять девок, братцы,
На шишку мне садятся,
И все теряют целки в тот же миг,
Ебу я их как надо
От переда до зада,
И только слышен их прощальный крик.

Все мужики сбежали
И из кустов орали,
Боялись, видно, за свои зады...
Я — вождь Большое Рыло,
Но я же не педрила —
На жопу не сменяю я пизды.

И вы не бойтесь, дети,
Меня на этом свете!
Я всем хорошим людям угожу:
Я — вождь Большое Рыло,
Но безобидней мыла
И даже с белой мышкою дружу.

## ПЕРДОВАЯ ВОСТОЧНАЯ ЛЕГЕНДА

Чеша муде от тяжких дум,
Сидел, балдел старик Пердун.
А под горой, где жарко было,
Летала бабушка Пердила.
А за горой дрочил елдак
Их верный внук ИВАН Пердак.

И подбиралось к ним уныло
Огромное ПЕРЕПЕРДИЛО...
За ним, раскинув малахай,
Бежал вонючий ПЕРДУХАЙ.

ПЕРЕПЕРДИЛО подбежало
И всех до смерти напужало.
Старик Пердун муде сглотнул,
ИВАН в себя елдак воткнул,
К себе в манду, где пусто было,
Залезла бабушка Пердила.
Лишь смелый воин ПЕРДУХАЙ,
Засунув в жопу малахай,
Вмиг заголил ПЕРЕПЕРДИЛО
И засадил ему без мыла.

Взревело тут ПЕРЕПЕРДИЛО
И, искончавшись, вдаль уплыло.

\*\*\*

В одной деревне маленькой
Сидели на завалинке:

Сиплуха пиздоватая,
Как жопа простоватая,
Матлуха сивоебная,
Как мандавоха сдобная,
И заеблук пиздаристый,
Как пердухай поджаристый.

Сидели и кручинились,
Что к старости подвинулись.

### ***

Яйца чешет леший древний —
Звон идет по всей деревне.
А в квартире домовой
Разгоняет мух елдой.
Водяной сидит в болоте
И пердит на низкой ноте.
Змей Горыныч зачихал
И кальсоны обосрал.
А кикимора клитор вынула
И давай его тереть и на лешего смотреть.
Леший вежливо смутился,
Перед нею извинился
И сказал: «Пусть Бог простит —
Не могу: елдак висит!»

\* \* \*

Охуенно большой крокодил
Под забором лисе засадил,
И от боли блядища лиса
Завизжала на все голоса.
Крокодил, хоть и был молодой,
Обладал трехметровой елдой.

\* \* \*

Как у нашего балкона
Отдыхают три гондона,
Отдыхают три гондона
С агромадного елдона...
Не доносится с балкона
К нам ни жалобы, ни стона,
Потому что на балконе
Искончалась примадонна.

\* \* \*

Мандушечка елдушечку
Обозвала пердушечкой,
Елдушечка мандушечку
Вмиг превратил в петрушечку.

\* \* \*

Бабушка-кряхтушка,
Запихнув елдушку,
Пискнула как мушка,
Пернула как пушка.

### * * *

Хихикали две девушки,
И прибегал к ним дедушка..
Потом уже не девушки
Зарыли трупик дедушки.
А бабушки оладушки
Пекли на чьей-то задушке,
Но вдруг исчезла задушка,
И раздалось по матушке...
И очутились бабушки
На шишке злого гадушки.

\* \* \*

Маленькая мушка
Села на мандушку,
Маленькая мошка
Спряталась в гондошку,
Маленький комарик
Вмиг раздул пожарик:
Шишкой дяди блошки
Ебнул мушку с мошкой.

\*\*\*

Мечтают мышки,
Спустив штанишки,
О толстой шишке
Плюс три сберкнижки.
К несчастью, мышки
Малы для шишки,
И остаются
В мечтах сберкнижки.

## УСТАМИ НАРОДА

\*\*\*

Сидел я у окошечка,
И в зарослях картошечки
Я видел мандавошечку
В объятиях гондошечки,
Но тут чихнула блошечка,
И запищала мошечка,
Вскочила мандавошечка
И ебнула гондошечку...
За то, что он при встрече
Покой не обеспечил.

\* \* \*

Мечтают мышки,
Спустив штанишки,
О толстой шишке
Плюс три сберкнижки.
К несчастью, мышки
Малы для шишки,
И остаются
В мечтах сберкнижки.

### * * *

Сидел я у окошечка,
И в зарослях картошечки
Я видел мандавошечку
В объятиях гондошечки,
Но тут чихнула блошечка,
И запищала мошечка,
Вскочила мандавошечка
И ебнула гондошечку...
За то, что он при встрече
Покой не обеспечил.

\* \* \*

Мне нежно гладит уши
И согревает душу
Чудесная милуша,
Пиздуша-мохнатуша.

\*\*\*

Маленький гондончик,
По паспорту шпиончик,
Сел за телефончик,
Сделал разъебончик.

## СЛАДЕНЬКИЙ ДЯДЕНЬКА

Как-то я на улицу
Вышла теплым вечером,
Ни о чем не думала,
Делать было нечего.

А кто же приклеился
Толстенький и лысенький,
Целый час надеялся
Влезть в мою пиписеньку.

Я, признаюсь, мучилась —
Мужика хотелося,
И под страсти тучами
Вся я изомлелася.

Только вот боялася
Первый раз попробовать,
Только все смеялася
Над дяденькою добреньким.

Он меня поглаживал
Бережно и ласково
И в глаза заглядывал
Огоньками страстными.

Вот шепнул он «Милая!».
Что со мною сделалось!
Вмиг я платье скинула —
Очень захотелося.

В мою дырку-крошечку
Что-то всунул дяденька,
Сразу между ножками
Стало больно-сладенько.

Дяденька засаживал,
Очень громко вскрикивал,
Тут от страха, кажется,
Чуть я не обсикалась.

Быстро повернулася,
Стала раком к дяденьке
И в свой задик сунула
Бобик его сладенький.

Больно мне, но радостно,
Вся я искончалася,
Благодарна дяденьке,
Что с ним повстречалася.

Благодарна дяденьке
Что с ним посношалася...
Если б встречи не было,
Я бы помешалася.

## ЛЕСБИЯНОЧКА

Раньше я от страсти бегала,
А недавно хуй отведала,
Было плохо, очень плохо мне,
Я неделю после охала.

Я девчоночка бедовая
И пиздою не хуевая,
Но теперь боюсь я мальчиков
И дрочусь тихонько пальчиком.

Не хочу быть просто дамочкой,
А хочу стать лесбияночкой
И дарить свои окружности
Моей сладенькой подруженьке.

На хуя рожать ребеночка
И мудохаться в пеленочках,
Коль с подруженькой мне радостно
И гондончиков не надобно.

И мужик теперь не нужен мне,
Если рядышком подруженька...
Отсосем друг другу клиторы —
Станем добрые и сытые.

Не хочу быть просто дудочкой,
А хочу стать лесбияночкой
И дарить свои округлости
Моей сладенькой подруженьке.

## ТАРАРАЙКА

Сядем вместе в тарарайку, котик!
Выпьем пунша и съедим тортик!
Темперамент мой остер как кортик,
Все равно меня когда-нибудь испортят.

И поедем мы с тобой бульваром,
Запылаю я внутри пожаром,
А когда ты мне прошепчешь «Милка»,
Расстегну тебе я вмиг ширинку.

Не стесняйся, не дрожи любовно,
Лучше сразу доводи до стона,
Посади меня на член огромный
И гони ты рысаков до дома.

Чтобы, сидя на твоих коленях,
Я подругам свысока кивала,
А потом в блаженном исступлении
С долгим криком на тебя кончала.

А пока проверь свое стоянье,
Чтоб не села я на шишку-тряпку,
Пачку денег захвати заранее,
Заодно хватай меня в охапку...

И неси до тарарайки, котик,
Пунш допив и дожевав тортик...
Темперамент мой остер как кортик...
Заверни же в мою гайку болтик!

## МОЯ ЗОЛОТАЯ ПИЗДА

Теперь я, как девочка, скромно живу,
К себе подпускать не хочу,
Я лучше в постели себе подрочу,
Чем дам мужику-палачу,
Все люди с хуями — опасный народ,
Я знала об этом всегда,
Пред ними теперь не откроет ворот
Моя золотая пизда,

Хотела я принца, а принца все нет,
И жизнь подходит к концу...
Не дам я ни в зад, ни в перед, ни минет
Какому-нибудь наглецу.
Поскольку недавно раскаялась я,
Теперь прямо в рай попаду,
А там уж прославят, за святость хваля,
Мою золотую пизду.

А все-таки трудно святою мне быть,
Пока еще я не стара,
В холодной постели, тудыть-растудыть
Ворочаюсь ночь до утра.
Хоть кто-то б в окошко залез и воткнул,
Шепчу я как в тяжком бреду,
Хоть кто-то б погладил, куснул, ущипнул,
Заполнил пустую пизду!

И страшно мне мыслей греховных таких,
Господь, меня, милый, прости!
Желанья растут, разгоняю я их,
Не сбиться бы только с пути!

Не стану романов о ебле читать,
Не будет мужик никогда
Меня целовать, обнимать, раздевать...
Теперь я — святая пизда!

## МАЛЬЧИК САШЕНЬКА

Жил-был мальчик Сашенька
С девочкою Машенькой,
Я влюбилась в Сашеньку
Как-то при луне,
Сашенька, Сашенька,
Я хочу елдашеньку,
И моя дурашенька
Вся горит в огне.

Саша, мальчик чистенький,
Будь со мною искренним
И свою пиписеньку
Подари лишь мне!
Сашенька, Сашенька,
Не мечтай о Машеньке,
Не женись на Машеньке,
А приди ко мне!

Я ждала и плакала,
Словно дождик капала:
Не пришел мой Сашенька
Ни утром, ни во сне...
Сашенька, Сашенька
Раком ставил Машеньку,
А его елдашенька
Двигалась в окне.

Ничего не хочется,
Даже и не дрочится,
Жизнь никак не кончится —
Вся душа в говне!
Сашенька, Сашенька,
Не ебися с Машенькой,
Не влезай на Машеньку,
А засунь-ка мне!

## МИНЕТЧИЦА

Ну иди сюда, моя лапочка,
И достань из брюк чудо-папочку,
Распахну я рот шире «маминой»,
И сношаться с тобой молча станем мы.

Что ж ты стонешь, мудак, страшным голосом?
Я уже давлюсь твоим волосом,
Не пугай меня и не испытывай,
А скорее поглубже запихивай!

Задрожал, закричал ты, мой сладенький,
Водопадиком брызнули капельки,
Оближу я тебя — будь уверенный,
А потом поцелую размеренно.

И пойдешь ты потом к своей женушке,
Неразумной и скучной коровушке,
По рабоче-крестьянскому способу
Ты ее оприходуешь досыта.

Только радости с ней не изведаешь,
Как чего-то безвкусно отведаешь,
И заплачешь, что нет меня рядышком
И с досады почешешь свой задушко.

Ну а я подожду, вошь ядреная,
Когда мне ты позвонишь взволнованно,
И захочет опять в ротик аленький
Твой мохнатый миленочек маленький.

## НАЧАЛО И МОЧАЛО

Я вошла, тебя обняла,
Свет погас — штаны я сняла,
В рот взяла и пососала
И от страсти застонала.

Возбудив свое мочало,
Я сначала не кончала,
Но когда елду узрела,
На нее скорее села.

Извиваясь, я качала
И без устали кончала,
Родники мои забили
И муде твои умыли.

И свалилась я устало,
Утомив свое мочало...
Ночь за окнами мерцала,
Ветер выл, луна блистала,
А твоя елда вздыхала
И устало мне кивала...

И расстроилось мочало,
Будто вовсе не кончало.

Завтра все начнем сначала!

## Похождения поручика Ржевского

### ЮНОСТЬ ПОРУЧИКА РЖЕВСКОГО

Поручик РЖЕВСКИЙ, служа в полку,
Жил тихо, мирно, устав учил.
Когда начальство шло к бардаку,
Он со слезами в кулак дрочил.

Но как-то выпив, он осмелел:
Спустил рейтузы, достал елдак,
Швейцару на нос гондон надел
И, кукарекнув, вошел в бардак.

Как пушка пернул, как танк рыгнул
И первой даме подол задрал,
Мудями задик ей щекотнул
И страстно бедра ее прижал,

Елдак голодный как штык взлетел,
Но по ошибке в жопень попал...
Поручик с горя совсем схуел
И, засмущавшись, в окно упал.

С тех пор поручик имел успех,
Поскольку очень всех насмешил,
А даме первой в часы утех
Кусал он клитор и грудь дрочил.

В ОКНО казармы просунув зад,
Дристал поручик в своих врагов,
А вскоре, быстро освоив мат,
К веселой славе он был готов.

## ПОРУЧИК РЖЕВСКИЙ НА БАЛУ

Поручик РЖЕВСКИЙ раз отправился на бал,
Дрожали девушки, пизду зажав в кулак,
Поручик вспомнил, что долго не вставлял,
И чистил весело мохнатый свой елдак.

Чесал муде свои не покладая рук,
Сверкая задницею в пыльное трюмо,
Пердел как лошадь и плевался как верблюд
И пил стаканами французское вино.

Вот бал в разгаре, и одной мадмуазель
Поручик в танце четверть жопы отщипал,
В оркестре спиздил он гитару и свирель
И, размечтавшись, дирижера обоссал.

Потом он вытащил огромный свой елдак,
Его немного лишь для виду подрочил,
Сказал девицам, что устроит им бардак,
Схватил одну из них и сразу заголил.

Сбежались слуги ту девицу отнимать,
Взревел поручик, словно бешеный ишак,
Успел лакея он за задницу поймать
И засадил ему могучий свой елдак.

Рыгнув хозяину икоркой на сюртук,
Хозяйке пальчиком соски пощекотал,
И долго хрюкал посреди своих подруг
И всем по очереди в уголке вставлял.

А после, выжрав из горла бутылки две,
«Вперёд, гусары!» — от восторга заорал,
Швейцару приебал горшком по голове
И гардеробную на память обдристал.

А у кареты, поблевав, спустил штаны,
В кулак сморкнулся и три кучи навалил...
Рванули кони — замелькали фонари,
Поручик ехал и елдак в окно дрочил.

И, ожидая наступления весны,
Орал частушки и прохожих материл.

## СВИДАНИЕ ПОРУЧИКА РЖЕВСКОГО

«Поручик Ржевский, ну что вы так нескоро?»
«Мадам, простите, но зацепилась шпора,
Застряла шпора у лошади в пизде,
Никак не вылезу — мешаются муде».

«Поручик Ржевский, пошто вы без штанов?»
«Мадам, простите, я не совсем здоров,
Идя по городу, проветривал муде,
Штаны оставил, но неизвестно где».

«Поручик Ржевский, а где же ваш елдак?»
«Мадам, простите, что спрятал его так,
Его я ленточкою к жопе привязал,
Чтоб на собачек он больше не вставал».

«Поручик Ржевский, чем будете вы еть?»
«Мадам, простите, заставил вас терпеть,
Но каждый палец моей большой руки
Вас ублажит еще сильней, чем елдаки».

«Поручик Ржевский, вообще-то хорошо,
Что у вас палец и толстый и большой,
Я не жалею, что спрятан ваш елдак...»
«Мадам, простите, я всунул вам кулак!»

«Поручик Ржевский, не надо так шутить!»
«Мадам, простите, но как же мне тут быть,
Когда у вас там огромная дыра,
И херов надо в такую — до хера!

А у меня-то лишь всего один елдак...
Так пусть поможет армейский мой кулак!!!»

## ПЕСНЯ ПОРУЧИКА РЖЕВСКОГО

Я ранним утром
Хожу, грущу,
И лишь попутно
Манду ищу.
Но возбуждают
Улыбки дам,
Охуевая,
Дрочу в карман.

Весна приходит,
И ждет нас рай,
И юбку дамы
Ты задирай!
Пока не стары,
Туды-сюды,
Вперед, гусары,
На штурм пизды!

Но мчится жизнь —
Приходит ночь,
И онанизм
Отброшен прочь.
В постели чистой
Вина хлебнул,
И вмиг с присвистом
Троим воткнул.

Весна приходит,
И ждет нас рай,
И юбку дамы
Ты задирай!
Пока не стары,
Туды-сюды,
Вперед, гусары,
На штурм пизды!

## устами народа

Придя с борделя,
Пройдя ебаль,
Помыл елдалю,
Утер едаль,
И, глянув в дали,
Чешу пердаль,
И как медали
Висит мудаль.

Весна приходит,
И ждет нас рай,
И юбку дамы
Ты задирай!
Пока не стары,
Туды-сюды,
Вперед, гусары,
На штурм пизды!

## СТАРОСТЬ ПОРУЧИКА РЖЕВСКОГО

Шли года — поручик в садике сидел,
Вспоминая юность, дамочку узрел,
Дама подмигнула — РЖЕВСКИЙ подбежал,
К дамочке прильнул он
И рейтузы снял.

Старенький поручик горестно кряхтел,
Два часа промучился, а вставить не сумел,
Но негоже было гусару отступать,
И стал он через силу в дамочку влезать.

Дама помогала из последних сил:
Так его ласкала, что поручик взвыл,
Несмотря на старость, всунул глубоко,
Дама застонала — стало ей легко.

Только наш поручик долго еть не мог,
Поглядел он грустненько на дамский передок.
Помрачнев как туча, выпукая пар,
Отлетел поручик, как воздушный шар.

А над ними плыли звезды и луна,
И в саду царили покой и тишина,
И рыдал поручик у дамы на плече,
А дама улыбалася сбывшейся мечте.

## ПОСЛЕДНИЕ ДНИ ПОРУЧИКА РЖЕВСКОГО

На женской заднице играют в карты,
Поручик РЖЕВСКИЙ пердит с восторгом,
Козырным тузиком по даме шаркает,
И пьет шампанское с кусочком торта.

А выигрыш маленький, совсем уж маленький
На голой заднице прелестной дамы,
Поручик старенький и очень пьяненький
Следит за картами, тряся мудями.

А дама грустная, она печальная,
С истомой страстною в горячем теле,
И возмущается, что ей не вставили...
«Коли не вставили — зачем раздели?»

На голой дамочке стоят стаканы,
А карты спрятаны, и слышны тосты,
Поручик Ржевский с гусаром пьяным
Целуют задницу — и все так просто.

*Похождения Еблако Ебаридзе*

## КОНЕЦ ЖОПОЧНОЙ НЕВИННОСТИ

Когда занедужил я,
В Москве не поправился,
В республику южную
Я сразу отправился,
Иду по республике
И, кушая бублики,
Отправился выпить я
На жалкие рублики.

Вошел я в шашлычную,
Там рожи усатые,
И все неприличные,
И все волосатые.
И жадные взгляды их
Меня растревожили,
Смываться бы надо мне,
Пока не сничтожили.

По старому садику,
Дрожа как былиночка,
Прикрыв свою задницу,
Бегу по тропиночке.
Тут в кустиках свистнули
И ручками быстрыми
К забору притиснули
И ласково втиснули.

Очнулся обтруханный,
Облепленный мухами,
С елдою-красавицей,
Но мокрою задницей.
Стоял я обиженный
И жопоуниженный
Средь рваных гондончиков
И кучки червончиков.

Полна приключениями
Республика южная,
Но, коль туда едешь ты,
Знай заповедь нужную:
Свой зад запечатывай
Резиновой пробкою,
А то распрощаешься
С невинною жопкою.

## МАДАМ СУЧЕЧКА

Надо мной плывет тучечка,
Подо мной лежит кучечка,
Я целую вам ручечку,
Хоть и вы, мадам, сучечка.

Показали вы голый зад,
И пошел грустно я назад,
Шел я и жевал грязный мат,
Хоть и был тогда я богат.

Ну а вы, испустив тихий стон,
Протянули вдруг мне гондон,
Ухватив меня за елдон,
Вы легли в тени пышных крон.

Я, конечно, вам не холуй,
Но боюся я за свой хуй,
И, конечно, я вмиг возлег
Между ваших стройных ног.

Прошептали вы: «Погоди,
Не спеши, поглубже засади!»
Я смутился — я ведь не нахал —
И мой хуй в тот же миг упал.

Сразу я получил по мордам...
И совет вам я нынче дам:
Если плохо вставишь, друг, —
Ожидай всевозможных мук!

## ДЕВА ЮНАЯ

Дева юная
С грудью лунною
И мандою как карский шашлык,
Одиночества
Мне так хочется,
А ты лезешь опять на елдык.

Жмешь ты бедного
Ручкой бледною
И безжалостно треплешь яйцо...
Лучше поцелуй!
Сразу вскочит хуй!
И засветится счастьем лицо!

Но ты дышишь так,
Как большой ишак,
И драконишь меня, что есть сил...
Голопупая,
Очень глупая.
Ну зачем я тебя пригласил?

## ТЕПЛЫЙ ВАШ МАНДУК

Помню, вы распахнули халатик,
И я пышные груди узрел,
И, увидев дрожащий ваш задик,
Я его на свой столбик надел.

Стал мне лучший друг —
Теплый ваш мандук,
Не хочу «Кис-Кис»
Я на свой «Пис-Пис».

Неужель вы забыли свиданья,
Крик в кровати и стоны в ночи?
Ведь не стар я, и юны желанья,
И мой «мальчик» наружу торчит.

Стал мне лучший друг —
Теплый ваш мандук,
Не хочу «Кис-Кис»
Я на свой «Пис-Пис».

Если вы наплюете на чувства,
Если деньги — ваш вечный удел,
Если стали вы тухлой капустой
И на вас уже кто-то сидел...
Я на свой «Пис-Пис»
Посажу «Кис-Кис»,
А на ваш мандук
Сделаю «пук-пук».

## ТРИНАДЦАТЬ ЖОП

Приехал как-то я на Восток
И баб немого там поразвлек...
Сижу я в баре и пью компот
И вдруг заходят тринадцать жоп.

Мой толстый «ваня» сто баб уеб,
Но если встанет — мне будет гроб,
Сказал ему я: «Товарищ, стоп!»,
Но обернулись тринадцать жоп.

И вмиг помчались они за мной..
Я оказался в одной пивной,
Где в пиве плавал вонючий клоп,
Снаружи выли тринадцать жоп.

Но из подсобки огромный жлоб
Идет, настроясь на чувства жоп,
В окно он прыгнул — аж запердел
И все тринадцать на хуй надел,

Пока он жопы с хуя снимал,
Его, рыдая, я обнимал...
Похоронили тринадцать жоп,
И стал мне другом огромный жлоб.

## РАКОМ ЛУЧШЕ

От жен законных
Решив удрать,
Залез в вагон я
Попить, пожрать,
А там девица —
И встал елдон,
«Хочу жениться!» —
Признался он.

Девицу сразу
Я чмокнул в нос,
Потом ей классно
Влепил засос,
Она сомлела —
Решила дать,
Не захотела
Лишь раком стать.

На ней лежал я,
Как был в раю,
И так вставлял ей,
Что у-ю-ю.
Тут взрыв гранаты
Тряхнул вагон...
В дыре лохматой
Застрял елдон.

На площадь выйдя,
Обнялись мы
И в голом виде
К врачу пошли.
Народ сбежался —
Повсюду смех,
Елдон зажатый
Рычит как лев.

Врач растащил нас —
Спасен елдон,
С тех пор девицам
Не верит он...
И не желает им уступать
И только сзади
Готов влезать.

А поза раком
Тем хороша,
Что в ней спокойна
Твоя душа:
Во-первых: глубже
Ты запихнешь,
А коль застрянешь —
Быстрей пойдешь!

Когда б в тот вечер
Мы в ногу шли
Давно б на встречу
К врачу пришли.

## ПРЕСТУПЛЕНИЕ В ВОСТОЧНОМ ДВОРИКЕ

Девочка сидела на пустом крыльце
С выраженьем страсти на своем лице.
Я лежал тогда на крыше «Москвича»
И в душе в ту девочку сто раз кончал.

Мои брюки встали мачтой, вот те на!
Вдруг увидит это из окна жена?
Я в карман тихонько руку положил
И пригнул ту мачту из последних сил.

Девочка сбежала в тот же миг с крыльца
И защекотала мои два яйца,
На машину влезла — села на меня,
Завертела задом, друга поманя.

Тут раздался громкий треск и стук,
Полетели пуговицы выше брюк,
Распахнув ширинку, вырвался мой друг,
Посиневший и опухший весь от мук.

Вдруг я слышу ругань прямо из окна,
Глянул — а в окне стоит моя жена,
И в одной руке у ней вина стакан,
А в другой руке зажат большой наган.

В нашем дворике тогда была весна,
Выпила для храбрости моя жена,
А потом, прицелившись, стрельнула вдруг —
Спрятался в ширинку побледневший друг.

Девочка скакнула с крыши как олень,
Поскорей прикрыв рукой свою пиздень,
Понеслася словно антилопа вскачь —
Только зад ее сверкал в кустах как мяч.

Поглядел вокруг я — снова никого,
Кроме шарика на крыше одного...
Глянул на него я — сердце вмиг зашлось, —
До чего дожить, сынок, мне довелось!

На хуя теперь мне девочка с крыльца?
После выстрела лишился я яйца...
Вот какие нынче жены — вот так так!
Не женись, сынок, пока стоит елдак!!!

## АЛИ-БАБА

Тетя Маня солнца ждала у окна,
И пиздень погреть задумала она,
А Али-Баба всех мужиков собрал
И пиздищу тети громко восхвалял.

Вот какой смешной Али-Баба — мой друг,
Вот как тетю Маню он прославил вдруг.

Дядя Сема как-то новый фрак надел,
Только глянул — от восторга запердел,
Но подкрался тихо сзади мой дружок
И ширинку дяди вырезал ножом,

Вот какой мой друг Али-Баба — нахал,
Всем гостям он шишку дяди показал!

Бабка Дуня как-то к деду Феде шла
И случайно рубль по пути нашла,
А тот рубль гвоздиками был прибит,
И у бабки до сих пор жопень болит.

Вот какой мой друг Али-Баба — шутник,
Вот какой он жадной бабке сделал втык!

Но Али-Баба недавно старым стал,
На скамейке в парке целку увидал,
Хер его внезапно твердым стал как кость,
К целке подбежал — а там лишь ржавый гвоздь.

Очень опечалился Баба-Али —
И его под старость тоже наебли!

## ПЯТЬ СЕКСУАЛЬНЫХ КОМЕДИЙ ИЗ ЖИЗНИ ПРЕЛЕСТНЕЙШЕЙ ЛЕДИ

### I

Леди встала утром рано
С одинокого дивана
И, услышав голос страсти,
Захотела крошку счастья,
Леди в ванную вошла,
Леди трусики сняла...
Долго мылась в теплой ванне
Вместе с белокурым Ваней.

С нежным запахом от Вани
И одетой, как в романе,
Леди, выбежавшей в сад,
Рыжий Федя вставил в зад.

Но и Феди было мало:
Леди тихо простонала
И, открыв свою дыру,
Влезла к Джеку в конуру.

Дом проснулся — нету леди!
В страхе бегают соседи...
Леди без штанов сидит —
Рядом Джек навеки спит.

Леди вышла ночью в сад —
Ей не вставили,
Откусили леди зад
И — оставили.

## II

Леди вышла на мороз
Для отдачи.
Дворник высунул свой нос,
Шишку пряча.
Леди, быстро подбежав,
На нос села,
Ножки плотненько прижав,
Вмиг сомлела.

Но тереть о жесткий нос
Очень скучно!
Сесть на дворницкий елдос
Много лучше!

Леди вспомнила про зад —
Зада нету!
Его скушал взвод собак
Как котлету.

## III

Денди встал сегодня рано
С неудобного дивана
И, увидев леди в юбке,
Распалился не на шутку.

Член, пружиня, встал как кол,
Леди задрала подол...
Вот они уже во власти
В плен их захватившей страсти!
Оба так впились друг в друга,
Что вошедшая прислуга,
Уронив поднос с испуга,
На любовников глядит
И сама уже дрочит.

Увидав служанку, денди
Ловко отодвинул леди
И, схватив молодки грудь,
Приготовился ей вдуть!

Вмиг служанка встала в стойку —
Тут пошла работа бойко!
Наслаждаясь, страстно выли
И о леди позабыли.

А она уж не дремала
И, разинувши ебало,
Подбежала быстро к ним
И пристроилась к двоим.

Денди яйца щекотнула,
А служанку в зад лизнула,
Приказав той раком стать,
Начала ей грудь сосать,
Денди снизу очутился —
Поцелуем в клитор впился!
Леди дико закричала:
В этот миг она кончала!

А служанка в рот нескромно
Член схватила
И поток любви огромной
Проглотила.
Застонал от счастья денди
И упал в объятья леди.

Вот лежат они, воркуют
И друг друга в зад целуют.

### IV

В хате, рядом с домом леди,
Поселилися соседи.

Как-то бабке до обеда
Очень захотелось деда,
Ее пальчики прыг-прыг,
Только дедов хер поник.
Стала бабка ярче меди
И зовет на помощь леди.

Леди быстро прибежала,
С деда трусики сорвала
И, зажав муде руками,
Обхватила хер губами.
От восторга дед вскричал,
Как жеребчик закачал!
Леди он соски дрочит
И, мурлыкая, ворчит:
«Мне не надо в жизни этой
Ничего, кроме минета!»

Бабка горестно вздыхает,
Слюни зависти глотает,
Просит леди отдышаться,
Чтоб самой понаслаждаться.
Только та, храня молчанье,
Лишь замедлила качанье.

Леди медленно сосет —
Дед, блаженствуя, плывет,
И не хочет старый дед
Прекращать такой минет!

Бабка тихо заскулила
И штаны свои спустила.
Дед на бабку посмотрел
И с презреньем запердел.
Бабка с горя раком стала
Цельно озеро нассала!
Дед взревел, елда стрельнула,
Леди в страхе упорхнула,
Ну а бабка в лужу села,
Позабыв, чего хотела.

Дед уснул, елда упала,
Бабка грустно повздыхала.
С той поры елда кивала,
Но уж больше не вставала!

Хоть и бабка деду ближе,
Все же леди лучше лижет!!!

## V

Звезды холодно сияли,
Словно мертвые,
И деревья отряхали
Листья желтые.
Только туча проплывала
Над дорожками,
Где когда-то пробегала
Леди ножками.

Леди выплыла из двери,
Дыркой чмокая,
На нее уж не глядели,
Хлопнув окнами.
Подбежал седой дедуля
С шишкой вислою,
Обнялись — и разминулись,
Грустно писая.

# КЛАССИКИ

## *Между друзьями*

СМЕШНЫЕ И ПИКАНТНЫЕ ШУТКИ
ДОМАШНИХ ПОЭТОВ РОССИИ

## ЭЛЕГИЯ

*Подражание древним*

### I

Под сводом зелени на мягкой мураве,
От зноя скрывшись в тень, с венком на голове,
Старательно убрав предательские роги
И ветвями прикрыв уродливые ноги,
Лежит лукавый Пан. Улыбка на устах;
Прищурен хитрый глаз; в раскинутых руках
И многоствольная виднеется волынка,
И прохладительной здесь земляники крынка.
Лежит и сторожит резвушек из села,
Охотниц до грибов, до ягод ароматных,
И, в ожидании минут благоприятных,
Надрачивает хуй до твердости кола.

### II

Весна — пора любви. Лови ее, лови,
Пока жар юности еще горит в крови!
Где молодость моя? Куда ты улетела?
А сколько совершил любезного я дела
Весною и в лесу? Единственный приют!
Ебаки лучшего, я чаю, не найдут.
Жилище тайны здесь... Нет, молодой повеса
Ничем не заменит таинственного леса.
И молодость всегда охотно в лес бежит,
С ее мечтаньями листов созвучен ропот,
Он согласит с собой легко влюбленных шепот
И поцелуя звук нескромный заглушит

### III

Позднее, уж дожив почти что до седин,
Остепенившийся серьезный семьянин,
Блуждал я по лесу совсем с другою целью,
И не дрочил уж Пан меня своей свирелью.
Я для гербария растенья собирал
И на блуждающих в лесу не обращал
Внимания блядей... Неслышными стопами
Нечаянно набрел, блуждая меж кустами,
На двух ебущихся, и этой я ебне
Не позавидовал, но, в гнев пришедши жалкий,
Любовника огрел по жопе сильно палкой:
Бедняжка застонал... и стало жалко мне.

### IV

Теперь разумнее я о таких делах
Сужу; приятно мне, когда в моих глазах
Младая парочка с младым ебется пылом,
Махая жопами, как будто кто их шилом
Колол намеренно. И мыслю я тогда,
Что мне уж не ебать так больше никогда.
Но этот жар чужой, но этот сап ебливый
Магнетизируют меня забытой силой,
И снова прихожу в былую ярость я,
И снова брякнет хуй, муде клубятся рьяны,
И вспоминаются лесистые поляны
И улетевшая вся молодость моя.

# НОЧЛЕГ

*Новелла*

Через город шли солдаты,
В городе ночевка.
Добрался солдат до хаты,
Лег уснуть: неловко.
Он из дальнего похода
Мирно возвращался
И без малого полгода
Как уж не ебался.
Вот забрался на полати,
На печи хозяйка,
Ни души нет больше в хате,
А поеть-то дай-ка.
Хоть хозяйка и старуха,
Больно непригожа,
Мало зренья, мало слуха,
Кости лишь да кожа.
Но солдату с голодухи
Разбирать нет дела,
И не медля он к старухе
Под бок лезет смело.
Та туда, сюда... нет мочи
Совладать с солдатом.
Что тут делать? Хочь не хочешь,
Не сопхнешь ухватом.
— Греховодник, не замай-ка!
Сорок лет вдова я! —
Говорит ему хозяйка,
Слабо отпихая.
— Эта штука для солдата
Вовсе не безделка,
Ведь твоя теперь пизда-то
Стала словно целка.

И солдат в жару охоты
В жопу всунул хуя.
— Э, постой! такой работы
Вовсе не хочу я.
Ты ведь в хлебницу забрался,
Поднимай-ка выше!
Но служивый не учялся:
Знай ебет да дышит.
— Все равно; тут больше жиру,
Веселее дело;
Ведь с квартиры на квартиру
Мне уж надоело
Целый век перебираться...
А старуха злится;
— Нет, служивый, баловаться
Этак не годится.
— Что? аль плохо? — вынув хуя,
Говорит служака. —
Ведь соблюл тебе манду я,
Что за важность срака?
Но труба уж сбор играет...
— Бабка! будь здорова!
— Провались ты! — отвечает,
И затем ни слова.

# БАТРАК

*Новелла*

Жил-был в селе один поп домовитый,
Сеял он много пшеницы и жита,
Проса, гречихи, ячменя, овса...
Живности тоже было у отца
Много, и коней, коров и овечек,
Птицы... Зажиточный был человечек,
Всяким хозяйством обиловал дом.
Жил он с попадьею лет двадцать вдвоем,
Дочку одну лишь на старость имея,
Пухлую, белую, будто лилея,
Только лишь мало была учена,
Выросла дома в деревне она.
Трудно управиться с этим хозяйством,
Рук не добудешь всегда попрошайством,
В доме ж работа весьма нелегка.
Поп нанимает на двор батрака.
Благо попался здоровый детина,
Ражий, досужий, и в месяц — полтина.
— Ну, так и ладно, иди, поживешь.
Как твое имя? — *Тогда-доебешь.*
«Экая притча! — И поп сплюнул даже. —
Скверное имя, не слыхивал гаже. —
Так он подумал. — Но что за нужда?
Лишь бы работал усердно всегда».
Стала работа люба батракова,
Всем он доволен, не вымолвит слова,
Все по хозяйству толчется весь день,
Малому, видно, работать не лень.
— Как тебя звать? — попадья раз спросила.
— *Черна-пизда.* — «Что за вражая сила? —
Думает так же себе попадья. —
С нужды то имя не вымолвлю я,
Кличка-то эта уж больно скоромна».

Как-то о том же спросила поповна.
— *Судорга*, — ей отвечает батрак:
Три он названия выдумал так.
Осень прошла, и зима наступила,
Спать батраку на дворе запретила,
Спит он с семейством поповым в избе,
Спит и забаву придумал себе.
Думает он: «Ведь нельзя полюбовно
Сладить насчет еботухи с поповной,
Этой ведь штуки не сделаешь днем,
Ну, значит, нужно раскинуть умом,
И уж тогда увернется едва ли...»
Раз перед праздником крепко все спали,
Только на сон попадья и чутка,
Слышит в светелке она батрака.
— Батюшка, слышишь? — Попа она будит. —
*Черна-пизда* там на дочери блудит.
Поп же спросонья не все разобрал.
— Экая важность! — жене он сказал. —
Девке уж стукнуло лет восемнадцать,
Нечего делу тому удивляться.
Дочку меж тем разбудила возня.
— Маменька! *Судорга* мучит меня.
— Бог с тобой, дочка! Скорее крестися,
Да хорошенько возьми протянися.
Так, не смекнувши в чем дело, совет
Дочери мать посылает в ответ.
Матери воли нарушить не смея,
Целкой она угостила злодея.
В окна меж тем пономарь застучал,
Поп, то услышав, тотчас закричал,
Сладко на ложе еще потягаясь,
Утреню в церкви служить собираясь:
— Вынеси ключ-то, а после уснешь!
Как бишь тебя там? *Тогда-доебешь!*

## ВОЛЯ

*Новелла*

Жили Ванька да Анютка,
Слуги барыни одной,
Живши вместе, не на шутку
Грызлись часто меж собой.
На конюшне их за это
Кучер парывал не раз,
Но росла меж тем Аннета
И наделала проказ.
В рукавицах тех ежовых
Также вырос и Иван.
Оба были из дворовых;
Вдруг указ о воле дан.
Не всегда они бранились,
Лишь прошел о воле слух,
Зла не помня, помирились,
Хоть два тела — один дух.
Двухгодичный только было
Надо срок им переждать:
Ей пятнадцать лет пробило,
Тот тринадцать стал считать.
Госпожа их раз на рынок
Посылает, чтоб купить:
Решето, молочных крынок,
Петуха, чтоб кур давить.
Петуха купив, обратно
Ванька чрез пустырь идет;
Место тут благоприятно,
Крапива одна растет.
И Анютка, догоняя,
В бок толкнула простака.
— Что ты балуешь, шальная?
Сам я дам те тумака!
Хоть ответ и был неловкий,

Но, приняв веселый вид,
Вот затейница-плутовка
Так Ивану говорит:
— Вижу, вижу, ты дурное
Держишь, Ванька, на уме...
— Говори сейчас, какое?
Что дурное думать мне?
— Хочешь ты меня, я знаю,
Повалить да заголить...
— Петуха ж куда деваю?
Что пустое говорить!
— Ишь! как будто и не знает, —
Говорит она на то. —
А уж сам давно смекает:
Да сюда, под решето!
Девке выдумка такая
Удалась — и кончен бал...
Крапива была густая,
И никто их не видал.
Ваньке баловство слюбилось,
Вот назавтра, сдав обед,
Как с чулком она возилась,
Он Анютке шлет привет.
Говорит ей Ванька: — Ну-тка,
По-вчерашнему опять
В крапиву пойдем, Анютка,
Этак с часик полежать.
Благо нет теперь помехи...
Но Анютка говорит:
— Погоди, от той потехи
Сцачка у меня болит...
Скоро воля наступила,
Двухгодичный вышел срок,
И влюбленных разлучила,
Жизни их увлек поток.
Чем сказалась воля эта
Для дворовых тех крестьян?
В бардаке теперь Аннета,
В кабаке теперь Иван.

## ОБЕТ

*Басня*

Поп раз в лугу косил
И выбился из сил,
Однако молодец
Еще ебать хотел,
А потому, что был вдовец.
Он сильно употел.
Присел,
Обедать же ему работница носила.
И поп кладет обет:
Поеть того, кто принесет обед, —
В поповском слове — сила.
Глядит, ан дочь пришла.
Что делать, еть иль нет?
Попа досада тут взяла,
Нельзя нарушить свой обет.
Размыслил поп тогда,
Что можно и не еть, пример один
                              представить.
И дочку удалось заставить
Лечь навзничь. Заголил. Пизда
Прельстила взор попов, и хуй его поднялся.
Поп взял распоясался
И мыслит: не поддамся я греху,
А только на духу
Свой подержу елдак.
Приправился, а овод тут как был.
Попа за жопу укусил.
Поп жопой дрогнул так,
Что очутился хуй в манде,
Остались лишь муде.
— Проклятый ты овад!

Отправил душу в ад! —
Тогда воскликнул поп,
Как дочь уже поеб.

**Не надо никогда слепых давать обетов:
Избегнешь не таких курбетов.**

# КОРНЕТ

*Новелла*

Удивительный случай не нынешних лет
В свое время известен всем был.
Молодой пригожий уланский корнет
Всем девицам головки кружил.

До мужской, настоящей солидной красы
В это время корнет не дорос,
Над губами еще не пробились усы,
Цвет лица спорил с нежностью роз.

И девицы и дамы вздыхали по нем,
Пресчастливейший был сердцеед,
Управлял как артист молодецким конем
И учен и умен был корнет.

Оттого выделялся рельефнее он
Из среды сотоварищей всех,
Ведь улан что болван, вертопрах, пустозвон,
Полированный лишь пустосмех.

Во вражде ум и молодость вечно живут,
Не творил молодым кто проказ,
Того издавна рыбою люди зовут.
В том и я убедился не раз.

Исключением не был корнет молодой,
Не бежал он любовных утех.
До забвения мог увлекаться пиздой
И ебни не считал он за грех.

Женский есть монастырь; старый русский магнат
В память битвы его учредил,
В нем достаток всего, и церквей, и палат,
И у знатных он лучшим прослыл.

При большой слободе монастырь тот стоит:
Эскадрон в ней улана стоял.
Наступила зима — и вояка шалит, —
В это время он просто нахал.

Мало дела военным о зимней поре,
Жди от праздности должных плодов.
В слободе — мужичье, зато в монастыре —
Все монахини знатных родов.

Монастырь посетил наш корнет уж не раз,
Уповательно не для молитв,
А от скуки; не мог он прожить без проказ,
Без любовных интриг и без битв.

В это время беличка, княжна-сирота,
Затмевала там всех красотой,
На искус двухгодичный она принята,
Чин принять собираясь святой.

Не замедлил княжну меж монахинь корнет
В посещенья свои отличить,
Ей шестнадцать лишь только исполнилось лет,
Так мила, что нельзя не любить.

Страстный юноши взор поразил и ее,
Молодая волнуется кровь,
И забыла она обещанье свое,
Загорелась как пламень любовь.

Вдруг обедни корнет перестал посещать,
Ждет-пождет, изнывая, она,
Ни молиться, ни есть, ни трудиться, ни спать
От томленья не может княжна.

Раз девица одна в монастырь забрела
И сказалась она сиротой,
Молода и стройна, в обхожденьи мила,
С замечательною красотой.

У игуменьи просит: «Ваш тихий приют
Так прельстил несказанно меня,
Что до смерти желала б остаться я тут,
Свою душу изведала я:

Поразил мои мысли обещанный ад,
Согрешить, живши в мире, боюсь,
Так примите... — Значительный делает вклад —
И взята в монастырь на искус.

Увидала княжна сироту, как во сне
Ей знакомый почудился вид;
Поступает в послушницы скоро к княжне
И в одной с нею келии спит.

Завязалася тихая дружба у них,
Сироту вопрошает княжна:
Кто она, и откуда, и нет ли родных,
И сама ль для родни не нужна?

Сирота отвечает, что есть у ней брат,
Молодой, разудалый корнет,
Что он добр, как никто, что он очень богат,
Но что ей опротивел сей свет.

В восхищеньи ее обнимает княжна:
«Говори мне побольше о нем,
Признаюсь, я в него уж давно влюблена,
Предо мной он и ночью, и днем».

Поцелуям, объятиям нету конца...
Но читатель узнал наверняк
В той послушнице нашего уж молодца,
И ее будем числить мы так.

В молодой что таилося нежной душе,
Для корнета теперь не секрет,
И возможным свершить оказалось уже,
Что задумал отважный корнет.

На постели одной вот однажды они
Поместились вдвоем помечтать,
Пред иконами тускло мерцали огни...
Как корнета восторг описать?

Он признался во всем, не сердилась она,
Мрак ночной их любовь покрывал,
Безмятежная царила там тишина,
И никто ничего не видал.

Между тем время быстро бежит да бежит,
Безвозвратно несясь как стрела,
У любовников сердце трепещет, дрожит —
И младенца княжна родила.

Заглушивши природы естественный глас,
Хоть и стоило горьких то слез,
При рожденьи дитя задушивши тотчас,
Он его в смрадный нужник отнес.

А как нужник был полон почти и нечист,
Как в России ведется досель,
То был нанят почистить его говночист
С небольшим через девять недель.

Ночью делом занялся старик, ворота
Оттого незаперты стоят...
Поднялась вдруг по кельям везде суета,
Будят всех, все в трапезну спешат

По приказу игуменьи; хочет она
Всех монахинь своих осмотреть,
Нахожденьем ребенка она сражена,
Преступленья не хочет терпеть.

Что тут делать? Княжне очищения срок
Вышел, нечего ей горевать;
А корнету? Он рад бы отправиться в полк,
Да осмотра нельзя избежать.

Отправляясь в трапезну, тесьму он выискал
Да из поротых ниток шнурок
И по голому стану тесьму повязал,
Смастерив из нее поясок;

На залупу накинув петлю из шнурка,
Между ног он ее пропустил
И, назад притянув из всех сил елдака,
К пояску тот шнурок прикрепил.

Оттого стало спереди гладко тогда,
Нет ни хуя, не видно мудей,
А волос на лобке, что твоя борода, —
Все устроил искусно злодей.

Вот в трапезну монахини все собрались,
Мрачно там, лишь свеча в ней одна,
По приказу игуменьи все поднялись,
Заголилася также она;

Взявши в руки свечу и надевши очки,
Всем внимательно смотрит меж ног;
У нее лишь волос оставались клочки
На пизде и подпиздок был плох;

Но зато сколько пиздочек тут молодых
С восхищеньем корнет увидал,
Хоть и трусил корнет в тот критический миг,
Но уж хуй у него восставал.

Как осмотра его приближался черед,
Елдачина набрякнула так,
Что, плохого шнурка пересилив оплот,
Вдруг игуменью по носу: крак!

И очки зазвенели, упавши на пол,
И свечу упустила она...
А корнет в темноте поскорей убежал,
И помог в том ему сатана.

## ЭКСПРОМТ
## НА ЗАДАННЫЕ РИФМЫ

Попам за исповедь ты не клади г р о ш и:
Коль хочешь каяться, на это есть м о л и т в а,
Очистит скверну всю с тоскующей д у ш и
Она. Так волоса соскабливает б р и т в а.

## НА БАЛЕ

*Новелла*

Наши русские войска
В Польше квартируют,
Усмиряя поляка,
Лихо там пируют —
Хоть доводится подчас
И под нож попасться,
Да ведь принято у нас
Этим не смущаться.

Офицера было два
На одной квартире,
И друзей таких едва
Сыщешь в целом мире.
Был один меж тем из них
До балов охотник,
В волокитстве был он лих,
В ебле — греховодник.
А другой был домосед,
Аккуратен, точен,
Увлеченья юных лет
Уважал не очень.
Говорить, читать, писать
Мог он по-французски,
Но любил сие скрывать —
Резал все по-русски.

— Что сидишь все дома ты?
Что за прелесть польки!
Благосклонны, развиты,
Не горды нисколько.

## устами народа

У соседа-поляка
Дочка — загляденье,
А победа так легка,
Просто удивленье!
И сегодня ввечеру
Все сказать решилась...
Я тебя с собой беру.
Может, полюбилось

И тебе б, как нам, порхать,
Мирные победы,
Поцелуи здесь срывать
И съедать обеды.
Сделай это для меня,
Едем веселиться,
Здесь не в редкость и ебня,
Может все случиться.

Без охоты домосед
С другом уж на бале,
Но ему веселья нет
В освещенной зале,
И, сердясь на друга, он
Все зевал в досаде,
Притаясь в тени колонн,
Будто как в засаде.
Перед ним садится вдруг
С панною хозяйской
Полковой квартирный друг...
(Вечер был уж майский.)
По-французски говорит
Шепотом соседка:
— Там, в саду, в конце стоит
У ручья беседка;
Там немного погодя
Буду дожидаться,
Ты же свистни, подходя,
Чтоб не обознаться...

И угрюмый домосед
Зал тотчас оставил,
Он отправился в буфет,
Заговор составил,
Чтоб того на полчаса —
Нужно-де мне это —
Задержали молодца
Около буфета.

Все пришлось как нужно в лад
Сделаю заметку:
Офицер выходит в сад
И бежит в беседку.
Свистнул — входит — никого;
Мрак да тишь немая.

Возвратился, ничего
Он не понимая.
Входит в залу, за трельяж
Заглянул — там панка...
Молодец воскликнул наш:
— Что ж, моя коханка!
Издеваться надо мной
Вздумала? Кокетка!..
— Что же это, милый мой,
Значит? А беседка?
Я ничем, кажися, там
Не подорожила,
Для тебя и стыд и срам —
Все я позабыла...

Тут смекнул он: домосед
Слышать мог условье,
Заплатить бежит в буфет
За обиду кровью.
Отыскавши там его,
Он кричит безмерно:
— По-французски вы, того,
Говорите, верно?

Дружбу нашу к черту прочь!
Вас спросить я смею?..
— Говорить я не охоч,
А свистать умею. —
Домосед так отвечал;
Все захохотали
И за дружеский скандал
Драться им не дали.

## ЧЕТЫРЕ ВРЕМЕНИ ГОДА

Я готов любоваться природой
От утра до другого утра:
Ясно, тихо ли, дождь, непогода,
День ли в небе, ночная ль пора.

### ЛЕТО

Летом: ясное утро — отрада,
Воздух чист, неподвижна река,
Ароматами дышет тень сада,
И тоска от души далека.

В полдень лес меня манит прохладный:
Говор листьев, чиликанье птиц,
И я слушаю, слушаю жадно
Жизни пир вкруг себя без границ.

И усталое тело спокоит
Вечер тихий с прохладой ночной,
Ослабевшие силы удвоит,
Очарует закатом, луной.

Набегают ли на небо тучи,
Буря ль воет во мраке ночном,
Молний блеск, и в раскатах могучих
Загремит ли стремительно гром:

Предаюся ожившей душою
Я восторгу неведомых чувств;
Древний грех так склонялся главою
Пред святыней изящных искусств.

И, свободно места выбирая,
Каждый день все на новых серу,
Жопу мягкой травой подтирая,
Сберегаю бумагу перу.


## ОСЕНЬ

Освежительный запах соломы
И тумана сребристого пыль
Мне в осеннее утро знакомы,
Как недавно прошедшая быль.

О полудне слежу вереницы,
Улететь бы хотелось и мне
Вслед, куда перелетные птицы
Улетают навстречу весне.

Да возы, нагруженные хлебом,
Да плодов всех сортов благодать...
Под открытым лишь изредка небом
В это время удастся посрать.

В жопу дует, и нужно терпенье,
Чтоб Россию тогда не проклясть;
Уж такое у нас заведенье:
Нужник — скверность, мученье, напасть.

Вечереет, и ветер завоет,
Нескончаемый дождь застучит,
Безболезненно сердце заноет,
Только думу мою горячит.

Ночью думать и думать — отрадно,
Вдохновенье объемлет меня,
И тогда воспеваются складно
И сранье, и пердеж, и ебня.

### ЗИМА

Зимним солнцем вполне я доволен,
Ярок луч на равнинах снегов...
Галок крик на крестах колоколен,
Визг саней, скрип поспешных шагов.

И блистанье замерзшего пара,
И румяные лица людей,
Их движения, полные жара,
Ветер резкий, мороз-лиходей.

И поэзии полные вьюги,
Ветра буйного свист или вой,
И одетые, крепче кольчуги,
Реки льдом, как корой голубой.

Звезды в небе, при месяце полном,
Долу звезды, на белом снегу.
И сугробы, подобные волнам:
Это все не любить — не могу.

Хоть сурова родная природа,
Неприветлива зимней порой,
Но бодрит она силы народы,
Шевелит темперамент сырой.

Богатырской наделится силой,
На морозе привыкнул кто срать,
И не скоро в холодной могиле
Доведется его зарывать.


### ВЕСНА

Возрожденье весною природы,
Вновь облекшейся в пышный убор,
Через меру разлитые воды
Поневоле чаруют мой взор.

Птиц и крики, и трели, и пенье,
Благовоние сочной травы,
Свежесть воздуха, чувств пробужденье,
Никогда не прискучите вы!

Голубой опрокинувшись чашей,
Приковали мой взор небеса,
И тому, кому горько жить даже,
И тому их понятна краса.

Позабывши заботу и горе,
В поле, в лес с наслажденьем идешь
И, как летом, опять на просторе
Одинок, беззаботно сернешь.

Встрепенутся ожившие силы.
И тяжелая жизнь не горька,
Всюду жизнь разлита, и могила
Устрашает тогда бедняка.

Так тут серется как-то приятно
И пердится, и бздится легко...
Ждать недолго уже — до возвратной
Ведь весны не совсем далеко.

устами  народа

# РАЗНОСЧИК

*Новелла*

Под окошком дамочка
Рубашечку шила.
На щечках же ямочки,
Глазки смотрят мило.
Уморилась душечка,
Шитье отколола
От стальной подушечки.
Взгляд у ней веселый.
Ну, посмотришь, кажется:
Вот порхнет как пташка.
Ветр пахнул — и валится
За окно рубашка.
— Ах! — И губки дуются,
К ним приставлен палец,
А меж тем на улице:
— Яйца! — крикнул малец.
Крик привлек тот пташечку,
Просит она мальца:
— Подними рубашечку,
Покажи-ка яйца!
И детина, вящего
Слушаясь приказа,
Яйца настоящие
Вынул для показа.
Можно ль за буквальное
Исполненье злиться?
Дело хоть скандальное,
Нужно помириться.
И окно захлопнула,
Будто бы от срама,
С смеху ж чуть не лопнула.
Ну и верь тут дамам.

# НЕУДАЧА

*Новелла*

В беседке на скамье с красоткой франт столичный
Сидел, обнявшися довольно неприлично,
Рукой за пазуху бесцеремонно лез,
А ропот заглушал вокруг шумящий лес;
Она ж, кокетствуя, не слишком защищалась,
Глаза потупивши, на перстень любовалась
У франта на руке. И франт ее склонял
Лечь навзничь и уже ей юбки поднимал.
— Оставь, бессовестный! — красотка говорила. —
Для этих глупостей тебя б не полюбила
Я, если знала бы все это наперед.
Однако молодца задор такой берет,
Что он употребил последние усилья
И дело б порешил; но опустил вдруг крылья,
Поникнул, присмирел, рукам дает покой
И призадумался; а ей исход такой,
Всей раскрасневшейся, куда не полюбился;
Она в смущении; на выручку явился
Попавшийся в глаза ей перстень дорогой.
Внушительно толкнув любовника ногой,
За руку с перстнем взяв, в нем камень разглядает,
Трепещет, и горит, и франта вопрошает,
На все согласная, нахмуривши чело:
— Что это у тебя, опал? — Ах нет, стекло! —
Франт отвечает ей, иное разумея.
С чем и оставлю я сидеть прелюбодея.

## ПАТРИОТ

Был вечер чудесный.
И солнце садилось.
А в узкой и тесной
Ложбине катилась
Река. Все спокойно,
Торжественно было:
Шум смолкнул нестройный —
С полей, как с кадила,
Неслись ароматы
От свежих покосов.
Вот сельские хаты...
— Не нужно льяносов,
Пампасов всех разных,
Заморских степей! —
Воскликнул приказный
Р....... Сергей. —
К реке подойду я
И сяду над кручей,
И разом серну я
С натугой могучей,
Чтоб треснула жопа
В честь летних красот.
Пусть знает Европа,
Как любит народ
Россию родную всей силой души,
А ты этот подвиг, поэт, запиши!

# ЦИРУЛЬНИК

*Новелла*

В матушке нашей Москве белокаменной
Жил-проживал бородатый купец,
Летами стар, зато с похотью пламенной;
Был по второй уж жене он вдовец.
Деток всего лишь сынишка двухлеточек —
Жалко его, а достаток велик:
Стало б с избытком на дюжину деточек, —
И оженился на третьей старик.
Взял молодую — сидит она взаперти,
Кормится, точно свинья на убой,
В церковь пойдет, постоит лишь на паперти —
Больше ж с двора никуда ни ногой.
Хоть и дрожал старикан над копейками,
Но для жены и рубля не щадил:
Семь сундуков у ней шуб с душегрейками,
Прочей одежды — так дом завалил.
Года уж три прожила, откормилась
Жонка; ей нужен бы был молодец,
Так, чтоб от ебли кровать развалилася,
Но экономен на еблю купец.
— Я не для ради-де блуда поганского, —
Скажет, — влагаю в тебя естество,
В распространение лишь христианского
Рода. — Ха, ха! Каково ханжество?
Раз он из бани пришел, ухмыляется,
Чай пьет — смеется; дивится жена,
И у сожителя осведомляется,
Что за причина веселью, она.
Долго старик отбивался, осилила,
Бес любопытства помог в том жене,
Из самовара последнее вылила...

— Вот что сегодня случилося мне
Видеть, — он молвил. — Цирульник там парился,
Так у него естество, просто страх,
Я на него дивовался и зарился
Все на уме, побери его прах!
Прибыл недавно из города дальнего,
Тут подле нас заведенье открыл,
Сам молодец, только виду нахального,
Всех он там в бане людей удивил.
Экой природа снабдила машиною!
Право, не меньше, как у жеребца,
Будет вершков от восьми с половиною!..
И рассердилась жена на купца,
Плюнула даже, скраснела по малости.
— Полно пустое болтать, — говорит;
А у самой кровь вскипела от ярости,
Только не видно, как <секель> зудит.
Дней так чрез десять беда приключилася:
Стонет купчиха, ну — моченьки нет!
Зуб разболелся — и вырвать решилася...
В лавку купец — к ней цирульник-сосед.
В спальню идет с ним и там затворилася,
Пасынок, бегая, в щелку смотрел,
Все разглядел, что там только творилося,
И не по летам смышлен был пострел.
Только к обеду отец возвращается,
Смотрит: жена уж совсем здорова,
Весело так об обеде старается,
Неясные молвит супругу слова.
— Тятя! — И сын сообщает вдруг тятеньке: —
К нам приходил нынче кто-то такой,
Дергал он долго из жопы зуб маменьке,
Красный да длинный, вот будет какой. —
Тут он ручонки раскинул. Семейная
Драма затем у купца началась.
То не видала и лавка питейная,
Спора да драка какая стряслась.

# В ГОСТИНОЙ

*Новелла*

Разговор в гостиной жаркий
Только слышно: ах да ох!
Недовольна та кухаркой,
А у той гусак издох,
Плох там выводок куриный.
— Как же? — дама говорит
Четырем другим в гостиной
И храня серьезный вид: —
Я наседку посадила
Яйцах так на двадцати,
Три недели выходило —
И осталась при пяти.
Там сидел студент угрюмый,
Разговор его бесил,
Он, свои прервавши думы,
Даме вот что возгласил:
— Вы дивитесь! неужели?
Все же вывелось хоть пять,
И притом чрез три недели,
Что же лучшего желать?
У меня ж на яйцах часто
Двадцать лет сидит блоха,
А приплоду нет — и баста,
Вот досада! Ха, ха, ха!

## РОДНЯ

*Новелла*

У немца русская жена
Связалась с подмастерьем,
Раз целовалась с ним она,
А немец с недоверьем,
Увидя то, им говорит:
— Проклятая то штука!
Вы, значит, мать вашу ебит,
Вы, значит, жонка — сука!
Она ж, смеясь, на то ему:
— Ведь это брат мой, дурень!
Дивиться нечего тому,
Тебе, выходит, шурин!
И немец удовлетворен
Был жениным ответом,
Теперь спокойней мыслит он
О случае об этом.
Однажды немец выезжал
И утром возвратился,
Он на кровати их застал,
На них смотря, дивился.
Ночной работой утомясь,
Любовники лежали:
Она — по горло заголясь,
Он — без порток, и спали.
Недавно вынутый лежал
Елдак у ней на ляжке,
И на заре поколыхал
Уже подол рубашки.
Казалось, тут была ебня,
Как не перепихнуться?
Но немец думает: «Родня;
И близко — не ебутся».

## САМОДУР

*Новелла*

Самодур, богатый барин,
Одинокий жил,
Он в халате, как татарин,
Целый век ходил;
И лосниться не намерен
Был, затем — нигде
Отыскать, он был уверен,
Белых на манде
Он волос не мог наверно
И живет один,
А богат-то был безмерно
Этот господин.
Девка как-то ухитрилась:
Красит волоса
И пред барские явилась
Ясные глаза.
Разглядевши все, что надо,
Удовлетворен,
Брак свершает; девка рада,
И доволен он.
Вот четыре уж недели
Он жену ебет
И однажды на постели
Делает осмотр.
Кой-где краска полиняла,
Волос почернел,
И его досада взяла,
Он позеленел.
«Мать твою ебу я в душу, —
На жену кричит. —
Если так, я брак разрушу...»

Но веселый вид
Сохраняя, преспокойно
Говорит жена:
«Так сердиться недостойно,
Пробудись от сна;
Сядь-ка, докажу тебе я,
Что права во всем...»
Удалися ей затеи
С этим молодцом.
Под подушкой сохранялось
У нее яйцо,
Девка им тут догадалась
Мужа хвать в лицо.
И на лбу у мужа вскоре
Сделался синяк,
А жена, при этом горе,
Объяснилась так:
«Бьешь ты с месяц уж, наверно,
Ну, как бил сейчас,
Яйцами двумя примерно,
Я ж одним — и раз,
Да и то по лбу, он твердый,
Там же слаб сосуд...»
И жена с осанкой гордой
Поцьку кажет тут.
Удалося объясненье,
Помирился муж,
И богатое именье
Ей досталось уж.

## ВОЛКИ

*Новелла*

В обширном именьи майор отставной
Богато, роскошно живет.
Он ранен жестоко последней войной
И жизнь и богатство клянет.

К семейной он жизни наклонность имел,
Нужна б молодая жена,
Но в этом желаньи навеки предел
Ему положила война.

И вот холостым он живет потому,
Что роком назначено так,
Отрезать хирург принужден был ему
Совсем и муде, и елдак.

Майор, поселившись в именьи, таил
Несчастье свое как секрет,
Один лишь денщик, что в походе с ним был,
Все знал, но соблюл он запрет.

Майор был красавец, еще молодой;
Ну как тут прожить одному?
Нельзя помешаться, как прежде, мандой, —
Нужна хоть подруга ему.

А можно ль такую жену отыскать,
Об ебле не слышала чтоб?
Возьмешь — непременно начнет блядовать,
Что пользы тут? Мать ее еб!

Казался майору мир словно пустырь...
Он к выпуску в Питер спешит
И, в Смольный явившися там монастырь,
Начальнице так говорит:

«Богат я, безроден, наследников нет,
Так нет ли здесь сирот у вас?
Подайте одной из них добрый совет
Со мной обвенчаться сейчас,

Как выпуск окончится...» Дело на лад
Пошло, и женился майор;
Красавицу взял и поспешно назад
Приехал в именье на двор.

Он нежным вниманьем ее окружил
И с ней неразлучно живет,
Ничем ей для прихотей не дорожил,
Знакомств лишь одних не ведет.

Смолянка не ведала таинств любви,
Так года уж с три протекло,
Без пыла страстей, без волненья в крови,
Ясна их жизнь — словно стекло.

В соседстве именье богатое, в нем
Никто не живет из господ,
Хотя там обширный построен был дом
И душ состояло семьсот.

И вот управитель весною приказ
Из Питера вдруг получил:
К приему господ подготовить тотчас
Все в доме — и барин прибыл.

Он прибыл на лето с женой молодой,
У них же двухлетний сынок.
Вот как-то узнала жена стороной,
Живет здесь почти бок о бок

Подруга ее, монастырка. Она
Ей делает с мужем визит...
И тишь меж супругами возмущена,
Майор изнывает, дрожит,

Майорша с подругой почти каждый день
Видаются — весело им;
При ней неотлучно майор, будто тень,
Предчувствием горьким томим.

Лаская, целуя подруги сынка,
Майорша сказала ей раз,
От мысли, конечно, дурной далека:
«Откуда амурчик у вас?»

Вопрос щекотливый замявши кой-как,
Та в спальню ее отвела.
«Ну что за наивность? — промолвила так. —
Ты в краску меня привела;

Возможно ль в гостиной о том говорить,
Как будто не знаешь сама?»
Майорша ж: «Меня перестань ты корить,
Ведь я от детей без ума:

Где ж взять их — не знаю...» — «Ну, полно шутить,
Плутовка. А муж-то на что?
Его это дело, вели смастерить;
Не спрашивай больше про то».

К майору тогда приступает жена
И просит наделать детей.
«Не нужно теперь, — умоляет она, —
Других никаких мне затей!..»

И, плача, целует, умильно глядит,
Все просит его об одном,
Капризы явились, сердится, грустит...
И в доме пошло все вверх дном.

Что делать майору? «Послушай, мой друг! —
Жене он на то говорил. —
Когда бы жестокий, коварный супруг
Я так же, как прочие, был,

Давно бы тебе понаделал детей,
И много; скажу напрямик:
Пред делом тем нужно отведать плетей,
Я ж драться с тобой не привык».

«Хоть бей, да наделай!..» Хоть из дому вон
Пришлося майору бежать;
Вот в спальню отводит жену свою он
И молча кладет на кровать.

Китайкой по жопе он стал ее бить,
Сам плачет, крепится жена...
«Довольно! не буду детей я любить... —
Ему возвещает она. —

Тот подвиг, как видно, снести не дано
Мне, бросим о том горевать;
С детьми, без детей ли, не все ли равно?
Как прежде давай поживать!»

«Вот это — так дело!» — майор отвечал.
Здоровьем он крепко был плох:
Так годик-другой он еще скоротал
И более жить уж не мог.

Как траур прошел, молодая вдова —
Завидный кусок женихам —
Отвсюду любезные слышит слова,
Знакомых уж множество там.

И стали руки добиваться вдовы,
Но каждому краткий вопрос:
«А делать детей мне намерены вы?» —
«Да!» — скажет — и тут ему нос.

Узнав все такую причуду ея
Дивились, оставивши клад.
И вот одиноко красотка моя
Скучает средь пышных палат.

Денщик молодой, что с покойником был
В походах и знал весь секрет,
Отпущен на волю, но все у них жил,
Ему был поручен буфет.

Обдумавши все, предложенье свое
Он смело вдове изложил:
«Изныло любовью-де сердце мое...»
И жалость к себе возбудил.

Вдове на обычный вопрос отвечал:
«Да разве я варвар какой?..»
Она согласилась, их поп повенчал;
Дивились все свадьбе такой.

Живут этак с месяц, вдвоем вместе спят,
На еблю денщик терпелив,
За ней, как майор, лишь ухаживать рад,
Любезен, безмерно учтив.

Им как-то не спалось, ворочаясь, он
Толкнул ее хуем под бок:
Та щупает, шарит с обеих сторон:
«Ах! что это, милый дружок?

Тут гладко совсем у майора было.
А ну-ка, зажги-ка огня!
Посмотришь, сличишь, уж куда там ни шло,
И ты между ног у меня».

Сличили; жене объясняет денщик,
Что это — родимый нарост,
Бывает он мягок, бывает как штык,
Зовется же мужеский хвост.

Не всякий имеет его между ног,
А тех, у кого только есть —
И тут испустил он задумчивый вздох —
Тех волк собирается съесть.

«Одно лишь спасенье — засунуть тогда —
Жену за манду он берет —
Как можно подальше, плотнее сюда
И двигать то взад, то вперед».

Жена подивилась; умолк разговор,
И стали они засыпать;
Муж будит: «Пробралися волки на двор
И стали уже завывать.

Сейчас я услышал...» — «Ну что ж, не горюй!» —
И навзничь ложится она.
Тот разом задвинул по яйца ей хуй,
Лишь вскрикнула только жена.

Задвигал — и тайна открылась любви,
Зашлося — и млеет вдова,
Огонь в молодой загорелся крови,
В устах занемели слова.

Он отдых дает, собирается спать,
Одной лишь не спится жене:
В подушку уткнулась, давай завывать —
И снова супруги в ебне.

Но нечего в этом завидовать им.
А вот что вдруг выдумал я,
Рассказ этот кстати мы так заключим:
Пойдемте ебаться, друзья!

## ДИВО

*Новелла*

Раз был в деревне одной
Зимний солдатский постой —
Наш же солдат не святой,
Бредит всегда он пиздой.
Двор, так примерно — один,
Этак примерно — другой,
На межнику же овин...
Вот сговорился с женой
Правою левый солдат;
Был он блядун разлихой,
А уж на выдумки — хват.
Дал он совет ей такой:
Вечером быть на гумне,
Муж чтоб не видел, кобель,
Ты постояльца шинель
Вскинь на себя — и ко мне.
Сделано; муж подсмотрел,
Как два солдата сошлись,
И лишь едва утерпел,
Чтоб промолчать, как еблись.
Утром с соседом сойдясь,
Кажется, что в кабаке,
Долго он трясся, смеясь,
Рюмку сжимая в руке,
И говорит так ему:
«Диво! еби его мать!
Твой-то солдат к моему
Ходит, я видел, ебать».

## ЗАРУБКИ

*Новелла*

Вечер; нет лучины в хате;
Был конец субботы.
Кто забрался на полати...
Скучно без работы.

Дочь же с матерью болтает,
Возле печи лежа:
— Отчего, как муж ебает,
Больно уж пригоже

Так бывает? — дочь спросила.
— У! не знает, дура! —
Мать на то проговорила. —
На хую ведь шкура

Залупляется, — за нею —
С краю есть зарубка.
Ну, так нас и тешат ею,
Как ебут, голубка!

— А как две б зарубки было?
То-то б смак утробе?
— Ну, вестимо, — говорила
Мать; вздохнули обе.

Но с энергией обычной,
Услыхавши вздохи,
Им отец с полатей зычно
Крикнул: — Ах вы, плёхи!

Дожидайтесь, беспременно,
Брех ваш не терплю я,
Разве Бог для вас, примерно,
Станет портить хуя?

## КИТАЙСКОЕ ПРЕДАНИЕ

На лазурный небосвод
Поднялось уже из вод
Солнце, царь меж всех светил:
Свет сияющий облил
Половину всей земли,
И — рожденные в пыли —
Люди взялись за дела.
Летняя пора была.

Просыпается Нань-Дзин.
Там по стогнам мандарин
Уж за взятками идет.
Шумно движется народ,
Озабоченный нуждой,
Эгоизмом и враждой,
Суетою гордеца,
Сребролюбием купца,
Хитрой наглостью воров,
Самовластием шаров
На чиновных головах.
Вот на маленьких ногах
Чуть китаянки плывут.
В паланкинах здесь несут
Знатных баринов; а там
Отворился легкий храм.
Чудно все; пестрит в глазах,
Будто звезды в небесах.

Вот пробило два часа;
Раскалились небеса,
Дня немолчный говор, шум
Поражает робкий ум.
Все смешалось, все слилось
В беспорядок и хаос.

Но вниманья зоркий глаз,
Над толпою пронесясь,
Зрит в хаосе этом смысл —
Жизни тайну, жизни мысль.

Башня в городе том есть,
И тому, кто строил, честь
Это чудо принесло:
Вся блистает, как стекло,
Смело унеслася ввысь;
В чудных формах зодчий мысль,
Недоведомую нам,
Передать хотел векам;
И полет времен над ней
Не тягчил руки своей.

Там, под башней, был подвал,
И его не всякий знал:
Богдыханский лишь совет
Знал его, и с давних лет
Этот выход был стрегом,
Но впоследствии об нем
Позабыли. Из полка
Два лишь дряхлых старика
Оставались в башне той,
Так, для формы лишь пустой.
В нем был в самый ад проход.

Час четвертый настает —
Тихо в башне; все молчит,
Лишь гнилая дверь скрипит,
В ад ведущая. Старик,
Над работой морща лик,
В башне сидя, что-то шьет
И народный гимн поет.

«Шигямуни, бурхан!
Пусть живет Богдыхан
Многи лета меж нас.

Пусть его светлый глаз
Нас от бед стережет.
Пусть он долго живет!
Чу-дзей! ля-ля-ни!
Ты его сохрани!

Пусть врагов он разит,
Пусть его крепкий щит
Устоит против стрел.
Всяк да гибнет пострел,

Пораженный, от ран.
Пусть живет Богдыхан!
Чу-дзей! ля-ля-ни!
Ты его сохрани!

Шигямуни большой!
Солнце брат твой меньшой,
А луна твоя дочь,
Не отринь нам помочь!
Богдыхана спаси
И врагов порази!
Чу-дзей! ля-ля-ни!
Ты его сохрани!

Наш Отец, Неба Сын,
Всей земли властелин,
Десять тысяч пусть лет
Покорит целый свет!
Пусть вкушает он рай,
Сохраняя Китай!
Чу-дзей! ля-ля-ни!
Ты его сохрани!

Обрати ты лицо
На высоко крыльцо
И щитом нас покрой,
Шигямуни большой!

## устами народа

Всех блаженных любя,
Призываю тебя!
Чу-дзей!..
Ай-ай-ай-ай-ай!
Сильно так не покрывай!..» —
Закричал старик седой.
У себя над головой,
Лишь оканчивал куплет,
Шум большой услышал дед.
Не успел он отскочить,
Как уж кем-то был накрыт
И повергнут им на пол.
Новый шум произошел:
Дед барахтался с трудом
С неизвестным под столом,
И пока с него тот встал,
Дед штаны все обдристал,
Наконец на воле он.
Затаив невольный стон,
Несмотря на старость лет,
С полу встал поспешно дед;
Осмотрелся: близ стола,
Где работа вся была,
Неизвестный муж стоял
И безмолвно вкруг взирал.

Епанча была на нем,
На главе надет шелом,
За спиной колчан и лук,
Медью кованный каблук,
Плеть в руках, копье, усы —
И на шлеме две косы...
Виден был во всем монгол.
Дед-китаец подошел
К неизвестному и рек:
«Старший брат сюда притек,
Вероятно, за нуждой?»
«Шигямуни я большой! —
Неизвестный отвечал. —

С высоты я прилетал
От лазоревых небес,
Где растет дубовый лес,
Где от века предо мной
Предлежал фольянт большой,
Там судьба всех смертных чад
Мне открыта. Очень рад
Был я, слышав песнь твою,
Милость днесь познай мою:
Я за то, что ты здесь пел,
Посадить тебя велел
После смерти в теле пса.
Что ж ты выпучил глаза?»
«О бурхан! — старик вскричал. —
Я того не ожидал!
Смел ли думать — пыль и прах —
О живущем в небесах,
Твой усердный раб, Чу-ху...»
«Перестань врать чепуху!
Знаю я, что мыслишь ты,
Лучше дай-ка мне воды!»
«О, позволь мне покурить».
«Говорю: давай мне пить!»
«Что потребует бурхан,
Чаю ль, рису ли стакан?»
«Что за черт? давай воды!
Доживешь ты до беды!»
«Тотчас, мигом принесу».
И ушел старик.

В носу
Незнакомец почесал
И вполголоса сказал:
«Эй, приятель, ну, слезай!
Если хочешь, будет чай...»
И ступени башни той
Затрещали: молодой
Человек с верхушки лез.

«Ну, — сказал он, — что за бес?
Как ты, братец, так упал?
Ты меня перепугал.
Что, ушибся или нет?»
«Ничего, не бойся, мой свет!
Все придет как нужно в лад.
Что упал я — очень рад:
Здесь китайский дуралей
Богом счел меня, ей-ей.
Кстати, скоро он придет
И тебя со мной найдет.
Так, чтоб не было беды,
Назовись Хормуздой ты».
«Ладно, ладно», — был ответ.
Он был точно так одет,
Как и первый молодец,
Лишь из маленьких колец
Панцирь был на нем стальной,
При бедре же меч большой,
А в руках был самострел;
Серьги он в ушах имел
И статней, чем первый, был.

Страшно воздух вдруг завыл:
Бубны, таз, колокола...
Просто музыка была,
Хоть и уши затыкай.
«Что, брат, это? Ай-ай-ай! —
Младший так пришлец сказал. —
Посмотри, чтоб кто не дал
Нам еще здесь карачун».
«Настоящий ты каплун, —
Старший с гневом отвечал. —
Я никак не ожидал,
Чтобы трусил ты, мой друг,
Но молчи; тут недосуг
Нам с тобою толковать;
Приготовься роль играть...»

Отворилась настежь дверь,
Что ж представилось теперь?
Впереди Чу-ху идет
И, склонясь, в руках несет
На подносе дорогом
Золотой бокал с вином;
Вслед за ним идут жрецы,
На подбор все молодцы,
Смирной, ладаном курят
И молитвы говорят;
Дальше движется народ...
«Околел бы ты, урод! —
Старший с гневом проворчал. —
Вишь, чертей их натаскал».
Между тем вошел старик.
Вдруг его почтенный лик
Страх большой изобразил.
«О бурхан! — он возгласил. —
Кто, скажи, стоит с тобой?»
«Я Хормузда, милый мой!» —
Отвечал другой пришлец.
В это время главный жрец,
Обоих узря богов,
Вдруг как бы лишился слов.
Наконец в себя пришел
И такую речь повел:
«Что я вижу? Ай-ай-ай!
Ты, Чу-ху, брат, негодяй!
Как ты смел тревожить нас?
Иль в башке твоей нет глаз,
Что разбойников, воров
Принимаешь за богов?
Вон, бездельники! Иль нет...
Обморочить этак свет!
Так не будь я Ху-ля-мин...
Где наш главный мандарин?
Стража! бей скорей набат!
Нет, постой немного, брат,
Не уйдешь от наших рук

И отведаешь бамбук!..» —
Так жрец в ярости кричал.
Неизвестный отвечал
Оплеухою ему
И, не внемля ничему,
К старику он подскочил,
Золотой бокал схватил,
Все до капли вылил в рот
И — пошел разить народ.
Первый вышел на него
Славный витязь Фо-ли-го;
Но лишь саблей он махнул —
Шигямуни вдруг кольнул
Прямо витязя в живот.
Тот, раскрыв ужасно рот,
Рев пронзительный издал,
С полсекунды постоял —
И на землю рухнул вдруг,
Испустив навеки дух.
Вот его сменил Цянь-янь.
Обнажив свой ятаган
И зажмуривши глаза,
Налетел он, как гроза,
Думав страху лишь нагнать;
Но пришлося повстречать
Не китайца в том враге:
Тот, держа стрелу в руке,
Натянуть сбирался лук
И противнику из рук
Дал в лицо удар стрелой.
Взор открыл тогда герой
И узрел свирепый взгляд,
Обратился вмиг назад
И постыдно побежал.
Шигямуни поражал
Многих витязей таких,
Но пред ним стоит Ри-дзих.
Щит свой выставив вперед,
Он к противнику идет.

Был он воин, и на нем
Епанча была, кругом
В соболях, и меч в руках;
Храбрость видится в глазах,
На главе железный шлем:
Он от ярости был нем.
Вот к врагу он подошел
И удар уже навел.
Но противник не плошал
И удар ужасный дал
Копием — и меч из рук
У Ри-дзиха выбил вдруг.
Тот, спокойствие храня,
Быстро кинулся, стеня,
И схватился со врагом.
Вот они уже вдвоем
Страшно возятся в борьбе.
«Нет, погибнуть же тебе!» —
Шигямуни закричал —
И врага ужасно сжал
Он в объятиях своих,
Приподнял его — и вмиг
Бросил оземь, а потом
Проколол его копьем.
После этого Бей-ду
Потерял свою елду.
Так он многих победил.
Бей-мин-джаня поразил,
Фу-чу, Лянь-фу, Чу-цянь-ви
Перед ним лежат в крови.

И Хормузда не дремал,
Очень ловко помогал.
Он трех стражей задушил,
Мандаринов трех убил,
Семь жрецов отправил в ад:
Дело их пошло на лад.
Кроме знатных тех чинов,
Триста граждан без голов

Были жертвой злости их,
Но жар крови не утих.
Крик, стенанья, голоса,
Чуть не тьмятся небеса.
Всех катают молодцы.
Стража, люди и жрецы
Вон из башни той бегут
И кричат: «Секут! секут!»
Снова кинулись в народ
Двое витязей — и вот
Блеск копья и палаша
Виден; храбростью дыша,
В шлемах сквозь толпу летят,
Стрелы мимо них свистят,
Шум, ругательства, содом,
Ужас царствует кругом.
Всяк, кто ноги лишь имел,
Прочь от витязей летел,
А они как будто львы:
Космы вьются с головы,
Шлемы блещут, медь звенит...
Страшен был героев вид.
Много славных молодцов
Пало здесь от храбрецов;
Много доблестных граждан
Умирало здесь от ран;
Много пало здесь мужей
Без елды и без мудей;
Здесь был целый полк разбит
И его значок отбит —
Пал начальник их Цянь-янь.
Хормузда, достав огня,
К увеличенью тревог
Мандаринский дом зажег.
Многих тут огонь пожрал:
Шигямуни побросал
Многих дерзких в пламя тут...
С улиц, площадей бегут...
Звучно вкруг гремит набат —

И в Нань-Дзине целый ад.
Дым окрестность всю покрыл,
Солнца чуть не затемнил.
Жар, усиленный огнем,
Калит воздух, и кругом
Льется топленый свинец.
Вопль, стенанья... Наконец
Площадь начала редеть:
Перестала медь звенеть,
Вдруг — о чудо! витязь тот,
Что постарше, вмиг берет
Молодого за муде
И — сокрылся в высоте,
Поднимаясь в небеса...
Протирали все глаза,
Трепет, ужас всех объял,
А пожар все бушевал.

Много лет после того
Протекло, но никого
Не нашлося, кто б не знал,
Как ту башню посещал
Шигямуни с Хормуздой;
Как нань-дзинский жрец большой,
Не узнавши тех богов,
Насказал им дерзких слов;
Как он без вести пропал;
Как потом Сын Неба взял
Старика Чу-ху в дворец;
Как был этот молодец
Мандарином при царе,
Хлопотал при алтаре,
Что в дворце поставлен был,
Где он каждый день кадил
С Сыном Неба и богов
Умолял, чтоб свой покров
Не отняли бы от них.
Словом, множество таких
Там носилось повестей,

И из разных областей
Все стекалися туда,
Где случилася беда,
Где не признан бог их был,
Где он тысячи побил
И с товарищем своим
Где исчез он будто дым.
Впрочем, был там еретик —
То придверник был старик:
Он под башнею сидел
И в тот день в подвале зрел,
Как та дверь, что в ад вела,
Отворилась и дала
Свет двум витязям, как те
Быстро скрылись в высоте,
Пробираясь под стеной
По ступеням башни той;
Как ему на ум пришло
Рассказать все, как было,
И начальству заявить,
Но случилось позабыть.
А теперь, как он смекал,
Так один из них упал,
Оборвавшись, на Чу-ху...
Но такую чепуху
Там никто не одобрил —
И старик повешен был.

Так однажды, в первый раз,
Выслал ад в недобрый час
Злоключенье на Китай.
На земле вкушая рай
Безмятежной тишины,
Он, по ковам сатаны,
Позабыл уже покой
И нередкою войной
Занят часто, но шутя.
Вот что значит простота!

## ДОМИК В УЕЗДНОМ ГОРОДЕ Н.

Вот домик чистенький, снаружи так он светел
Я между прочими давно его заметил.
Вхожу калиткою: под окнами цветник,
Решеткой обнесен, пространством невелик;
Но, Боже мой! чего заботливые руки
В час отдыха, когда иные тонут в скуке,
Не насадили здесь? Вот золотой тюльпан,
Весною на окне поставленный в стакан,
Украсит первый он смиренную обитель,
Степей Даурии здесь приютился житель,
Пурпуровый пион, и льющий аромат
Прелестной простотой нарцисс чарует взгляд.
А вот по жердочкам спиралью вьется вольной
Здесь крученый панич, цветущий по утрам.
Четыре кустика сирени по углам,
Красоли грядочка, любистку куст ветвистой,
Клубники заросли и руты золотистой
Виднелись стебельки с приземистой фиалкой,
Кануфер, и шалфей, и ряд штокрозы яркой.

Двор чисто выметен; в сторонке под навесом
Укромный уголок валежником и лесом
В порядке замещен; невдалеке сарай,
Обмазан глиною, а вот домашний рай,
Где по краям плетня две приютились клети,
Где тыква цепкие развешивает плети.
Откуда с ветерком несется аромат:
Уютный огород, за ним тенистый сад.
Здесь соловьям весной приют гостеприимный,
И, благодарные, за то музыкой дивной
Пленяют слух они в вечерний тихий час;
Но поворотимся: хозяева ждут нас.
Крылечко крытое с окошком на фронтоне;

Здесь безмятежного спокойствия на лоне
На полочке вверху воркуют голубки,
Их кормит иногда хозяин из руки,
Сзывая по утрам любимцев космоногих;
Найдете вы таких красавцев не у многих.
И пары дружные летят на зов кормильца
И веют крыльями на доброго счастливца.

Вот сени светлые; налево кладовая:
Здесь, от умеренных избытков собирая,
Хозяйка под замком хранит припасов клад.
Направо поверну; войти туда я рад,
В приют пленительный спокойствия и мира.
Без лишней роскоши, но чистая квартира
Мне, любопытному, попалась на глаза:
В углу под фольгою виднелись образа,
И теплился елей в фарфоровой лампаде.
Хозяйка в утреннем и простеньком наряде
С ребенком на руках сидела пред столом;
Какое-то шитье разложено на нем;
Лепечет на полу, чуть ползая, малютка,
Но ухо матери к неясным звукам чутко,
С любовью нежною она склонила взор.
Не пышен, не богат той комнаты убор:
Шесть стульев, стол, диван, гардины на окошках,
Комод и зеркало на двух качалось ножках.
Чиновник здесь живет, не знатный, не богатый,
На бедной девушке три года как женатый.

Под кровлей домика, нажитого трудами,
Супруги — редкие счастливцы между нами.
Однообразные текут для них года,
Полны житейских нужд, забот, но без следа
Упадка бодрых сил, отчаянья иль горя.
В взаимных действиях они, друг другу вторя,
Выносят бремя нужд, по скользкому пути
Согласно и в любви стараяся идти,
Для всех пришельцев в мир, к святой единой цели,
На жизненном пути не страшны им метели,

Невзгод житейских строй, ничто их не собьет,
Ни радость ясных дней их вкривь не увлечет.
Их жизнь, как озера поверхность голубая
В весенний тихий день, струей не колыхая,
Ясна как зеркало, в ней отразился мир —
Прозрачной глубины не возмутит зефир
И ила грязного страстей не приподнимет,
Старательно на дне сокрытого не вскинет,
Лишь только зарябит, но жидкость подвижная
Сровняется опять, мир Божий отражая.

Давно уж то было. По воле злой судьбины,
Изъездив более России половины,
Уж много постарев и сделавшийся сед,
В тот город завернул я через двадцать лет.
И вспомнил я тогда про домик тот приютный,
Куда я бегивал из дома поминутно,
Как на вакации на лето наезжал,
И в счастливой семье душою отдыхал
Я от домашних дрязг, от мачехи все пьяной.
Хозяин умерял советом гнев мой рьяный:
И добрые слова, как будто бы елей
Целительный, текли. Укромных тех аллей
Уж нету и следа, и палисадник тоже
Исчезнул и стоит, как дом, без огорожи.
Однако я вхожу; все тот, как прежде, вход,
Лишь только кислый смрад мне в нос ужасно бьет;
Вот отворяю дверь: стоят там две постели,
Вдова чиновника хозяйкою бордели.
Воспоминания все разлетелись прахом,
Насилу я ушел, стыдом объят и страхом,
Едва отделавшись от пакостных блядей —
И стало страшно мне, мне страшно за людей.

# НЕМЕЦ

*Новелла*

Солдат из немцев к мужику,
Хохлу, поставлен на квартиру.
Досадно стало бедняку,
Клянет он «чертову невиру».
Однако бойкая жена
Совсем не то о немце мыслит,
Тайком бессовестно она
К нему на шею часто виснет.
Обжился немец и ебет
Хозяйку где уж ни попало;
Не замечает муж. И вот
У них какое дело стало:
Жена лежала на полу,
У стенки муж, она же с краю,
И спали, а солдат в углу
На лавке — верно то не знаю.
Подкрался немец вот к жене
И стал ее пендрячить сзади,
Мужик почувствовал во сне,
Чего жена толкает ради?
Проснулся, шутку разобрал.
— Проснись скорей! — кричит он. — Жинка!
Не слышишь? Немец сблядовал.
— Нет, кажется, свободна дырка,
А впрочем, дай-ка я лапну.
И справды: ось его кабака,
Но я никак не отпихну...
И жинка выпятила сраку.
— Та ну-бо, — говорит мужик, —
Вить лихо! вот какая шкода!
Ишь, немец сзади еть привык,
У бусурман такая мода!

Смотри, попортит он края,
Скажи, пусть вымет, до облаю.
— Скажи ты сам ему, а я
Ведь по-немецкому не знаю.

# ХУЙ И ПОП

*Сказка*

Жил-был мужик, и посеял он просо,
Выросло меньше куриного носа;
Только то просо мужик увидал,
К черту его неразумно послал.
— Черт бы побрал тебя! — молвил он злобно. —
Что за хуевина? якать неудобно. —
Черт же, подслушавши это тайком,
Думает: дай пошучу мужиком.
Осенью поздно мужик вновь приходит,
Сторожем черта у проса находит,
Крикнул: — Вот диво-то, братцы мои!
Где мое просо? Торчат здесь хуи.
Точно: хуи на покинутой ниве
Мощно росли и в последнем наливе,
Толстые, длинные, лишь без мудей.
Вот к мужичку подошел Асмодей
И говорит: — Не дивися, детина,
Ты на чужое! Моя десятина, —
Что захотел, то на ней и ращу
И посторонних сбирать не пущу.
Ты добровольно отдал просо черту,
Я же имею честь к этому сорту
Лиц поминаемых принадлежать.
— Ловко подслушал, ебу твою мать! —
Крикнул мужик. — Да за что же браниться?
Можно, пожалуй, еще помириться,
Можешь себе получить здесь барыш,
Мне же, быть может, останется шиш.
Слушай условье, его не нарушу:
Или ты мне запродашь свою душу,
Иль за тобою останется сбор
С нивы. Но только такой договор:

Выехать завтра сюда похлопочешь
Ты на чем знаешь и на чем хочешь,
Должен же это я все угадать.
Это ж добро, как его не продать
(Тут на хуи указал он ногою)
Женскому полу изрядной ценою!
Все мужичок это сообразил,
С чертом условье рукою забил.
Жонке о том сообщает он дома.
— Э! не тужи и не бойся, Ерема, —
Мужу Матрена-жена говорит. —
Сделаю так, что и черт убежит.
Только желанное утро настало,
В хлопотах важных супругов застало:
Едет мужик на Матрене верхом,
Жопой вперед и с лицом под хвостом,
То, волоса расчесавши с затылка,
На четвереньках ступает кобылка.
Черт, их увидев, давай оглядать:
Спереди смотрит — не может узнать,
Сзади под хвост заглянет — и дивится,
Кажется, будто знакомые лица,
Где-то он порознь и видывал их,
Что ж за скотина — никак не постиг.
— Экую важную штуку, детина,
Ты раздобыл! Дорогая скотина.
Делать-то нечего, нива твоя;
Только пропала забота моя, —
Черт говорит, точно был он в угаре. —
Впрочем, мне грешниц на этом товаре
Ты раздобудешь изрядный процент
И годовой подкрепишь контингент.
Тут мужика он привел в удивленье,
Жатвы открывши той употребленье,
Как те хуи и почем продавать
И на утеху их как потреблять.
Справился с нивой мужик до мороза,
Двадцать четыре пришлось свезти воза
Самых отборных, ядреных хуев,

Мелочи ж больше полсотни возов.
Вот он на пробу наклал их в лукошко
И по деревне пошел под окошки.
Странный раздался на улице крик:
«Пó-хуи!» — зычно горланит мужик.
Все всполошилось; на улице словно
Ярмарка. То услыхавши, поповна
Мигом работнице тайный приказ:
К ней тот товар принести на показ.
Эта с успехом приказ выполняет;
Наша поповна глядит, выбирает,
Вся не своя, разгорелись глаза —
И сторговала за четверть овса,
Трубку холста да деньжонок полтину
Просто на диво, на выбор хуину.
— Что же с ним делать, любезный дружок? —
Начал ей так объяснять мужичок:
— Если-де важной ты хочешь потехи,
То приложи его к ентой прорехе,
Что у тебя между ног спереди,
*Но!* — закричи и комедии жди;
А как натешишься тем, что случится,
*Тпрру!* — говори — и комедь прекратится.
Только ушел мужичок со двора —
Сделано дело! Давай столяра!
Нужно шкатулку для этакой штуки.
Двадцать раз в сутки берет его в руки,
Моет и маслит головку ему —
Кажется все веселее в дому
Девке моей после этой покупки:
Все бы смеялась да скалила зубки,
Все б баловалась с обновкой она.
Поп был вдовец; народила жена
Двух только деток ему и скончалась.
Старшая дочь уж давно обвенчалась
С дьяконом и по соседству живет,
Младшей же только семнадцатый год
Вышел. Настали вот зимние Святки:
Поп, обобравши в селе своем взятки,

С дочерью к зятю поехал гостить,
Только случилось поповне забыть,
Как собиралась, шкатулку с елдою.
Вот, опечалена этой бедою,
Просит сестру за шкатулкой послать:
— Тут недалеко, всего лишь верст пять.
Батюшка сам, натянувшись сивухи,
— Ладно! — ей молвил. — Слетаю я духом.
Сел и поехал; шкатулку сыскал
И под сиденье ее закопал
В сено. На санки он снова садится,
Дернул возжами, а конь горячится.
— *Но!* — он прикрикнул и хлыстнул кнутом —
И очутился тотчас за двором.
Едет; а хуй из шкатулки — да в сраку,
Задал попу за дорогу он маку.
Поп от досады хлестал да хлестал,
— *Но!* — беспрестанно на лошадь кричал.
Вынуть чтоб хуя, он как ни старался,
Все без успеха, пока не примчался
К зятю и, лихо подъехав к крыльцу,
— *Тпрру!* — закричал своему жеребцу.
Стал жеребец, да и хуй усмирился,
Мигом в шкатулку опять уложился,
Поп, догадавшись о всем, промолчал,
Дочке шкатулку с елдою отдал,
Лишь на нее погрозившися пальцем;
Жопу ж от ссадин стал смазывать смальцем.
Дальше ж, не знаю, что было потом...
Ну и закончу я сказку на том.

## ИСПОВЕДЬ

*Новелла*

Батрак жену попову еб
И на духу ему признался.
Обидясь, рассерженный поп
Едва-едва не обругался.
— Ах, нечестивец! — он сказал. —
Грешнее нет на свете дела.
И вас черт обоих не взял?
Земля под вами не горела?
— Горела, батюшка! — батрак
Тогда с смиреньем отозвался. —
Она вертела жопой так,
Что я едва на ней держался.

## ДВЕ СЕСТРЫ

Ах, сестрица! на постели
Без рубашки я лежу,
Блохи всю меня изъели,
Слушай, что тебе скажу:
Скинь и ты свою рубашку
И пупком потри пупок,
А потом, раскинув ляжки,
Пощекочем секелек.

Это, в сущности, пустяк,
Но премиленькая штука,
Лучше выдумай что, ну-ка!
А ведь, в сущности, пустяк.

Нам, девицам, полагаю,
Можно век жить без мужчин,
Мать не терпит же, я знаю,
Нам терпеть же нет причин.
Ну, иди ж скорее, Вера,
Отчего не пошалить,
Если и без кавалера
Можно похоть утолить?

Это, в сущности, пустяк,
Но премиленькая штука,
Лучше выдумай что, ну-ка!
А ведь, в сущности, пустяк.

Наслаждаясь без последствий,
Ждать мы будем женихов,
Впереди ведь много бедствий
Предстоит нам от родов.

Так теперь, по крайней мере,
Насладимся без хлопот:
Лиза пощекочет Вере,
Лизу ты наоборот.

Это, в сущности, пустяк,
Но премиленькая штука,
Лучше выдумай что, ну-ка!
А ведь, в сущности, пустяк.

Только маменьке не надо
Говорить про наш секрет;
Как вдова, она с досады
Строгий сделает запрет.
И на исповеди даже
Ни гугу духовнику.
Что бывает в мире слаже?
Ну, беда пуховику!

Это, в сущности, пустяк,
Но премиленькая штука,
Лучше выдумай что, ну-ка!
А ведь, в сущности, пустяк.

## РОМОДАНОВСКИЙ

*Новелла*

Петр раз Великий с женою,
Сидя в своем кабинете
И озабочен войною,
Думал о важном предмете.
Тут Ромодановский верный
Только один был в совете,
Старец с привычкою скверной...
Долго уж живши на свете,
Слаб был весьма на уторы.
Часто он бегивал в залу,
Бзднет — и, потупивши взоры,
Вновь возвратится, немалу
Дозу уж вони принесши.
Петр промолчит — и за дело,
Екатерина ж, не снесши
Этого, не утерпела.
«Князь! — удержавши за полу,
Так восклицает царица. —
Знаете, женскому полу
Нюхать ваш бздёх не годится.
Бздните-ка тут, не стесняйтесь
(Люди свои, не осудим),
С вонью же в зал отправляйтесь,
Мы дожидаться вас будем».

## ПРОСТИТУТКА

Еще твоею в колыбели
Все любовались красотой,
Хвалебные все гимны пели,
Молились, будто бы святой.
Когда ножонки и ручонки
Смеясь раскидывала ты,
Не мог тогда твоей пизденки
Я не заметить красоты.
И с тайной грустию, бывало,
Я эту прелесть созерцал.
Тебя что в жизни ожидало? —
Не раз угрюмо я мечтал.
Я знал, что маленький достаток
Тебя не удовлетворит,
Как пол ваш на наряды падок,
Нужды как нестерпимо гадок
Красавицам и самый вид.
Не знатна ты и не богата,
Однако без нужды росла.
Родителей простая хата
И самый род их ремесла
Тебе противными казались,
Лишь только стала разуметь;
Они холерой вдруг скончались,
Когда тебе тринадцать лет
Неполных было. Сиротою
Пошла в прислуги ты, а там
Своей блестящей красотою
Бесила богатейших дам.
На волокитство модных франтов
Ты беззаветно поддалась,
Тебе хотелося брильянтов —
И жизнь другая началась.

Тебя заезжий фат в столицу
Увез четырнадцати лет —
И новую увидел львицу
Камелий петербургский свет.
Солидных много состояний
Ты сокрушила; и не мог
Твоих волшебных обаяний
Бежать неистовый порок.
И предалась ты сладострастью
И неге роскоши тогда —
Все хорошо бы, но, к несчастью,
Изъездилась твоя пизда.
Любовникам уже пониже
Досталась ты, прибыток мал,
Нужда все кралась ближе, ближе —
И злополучный день настал.
С разубранной своей постели,
Однажды после ебли встав,
Ты очутилася в бордели.
По тысячам брать перестав,
Пятирублевою ценою
Недолго пользовалась ты,
Оттуда вышла ты с сумою,
Без денег и без красоты.
И грустно вспомнить, как когда-то
Ты ослепительна была,
Как королем твоя пизда-то
Меж пизд отборнейших слыла,
Как разорялися магнаты,
И старики и молодежь,
А ныне и отцовской хаты
Уже ты не приобретешь!
И похоть ныне, даром даже,
Никто не удовлетворит,
Затем, что нет творенья гаже,
Пугает всех безносый вид.
А ведь томят еще желанья?
Тебе нет лет и тридцати,

Но говночист из состраданья
Не вздумает тебя ети;
И может быть, что под забором
Твой труп найдут... ужасный вид!
И полицейский страж с укором
Его презреньем заклеймит.
А жизнь могла бы быть иною...
Но что об этом толковать!
Скажите: кто тому виною?
Кто виноват? — Ебена мать!

## НЕУСТРАШИМОСТЬ

*Новелла*

Раз в деревню барыня,
Долго жив в столице,
Больше ж на целительных
Водах за границей,
Летом прибыла... Осмотр
Делает именью.
И с приказчиком своим
Едет по селенью.
Оба, знаете, верхом,
Дама в амазонке,
И, дивяся, мужики
Жмутся все к сторонке.
В поле выехали; вдруг
Лошадь испугалась,
Закусила удила
И стрелой помчалась,
А за ней приказчик вслед.
Барыня свалилась,
Удержавши повода,
Только заголилась.
Вот, оправясь, барыня,
И коня ретивость
Удержав, садится вновь.
— Что, неустрашимость
Видел ты сейчас мою? —
Спутника спросила.
— Видел, — этот отвечал
И глядит уныло.
— Что ж, признайся, какова? —
Вновь к нему с вопросом.
Но на барские слова
Тот лишь крутит носом

И, приняв веселый вид,
Все еще стесняясь,
Наконец он говорит,
Глупо ухмыляясь:
— О, великая! У нас,
Впрочем, ей другое
Есть название. — Сейчас
Говори, какое?
Откровенен будь всегда...
— Я плохой рассказчик,
А у нас зовут пизда! —
Отвечал приказчик.

# В ДЕРЕВНЕ

*Новелла*

Скучно в деревне зимою,
Женскому ж полу — досада,
Дом становится тюрьмою,
Бабам в пизде — перессада:
Ночи уж больно как длинны,
Днем без занятий все естся,
А особливо мужчины
Только и знают, что еться.
Девкам и этого нету.
В окна смотреть надоело,
Мало проходит в них света,
Шляйся день целый без дела;
Хоть бы тревоги немножко,
Случай какой чрезвычайный...
Барышня смотрит в окошко,
Стол собираючи чайный,
Видит: мужик дрова рубит,
Скорчившись, ходят индюшки,
Псарь на кормежку в рог трубит —
Ставят овсянку старушки,
Скоком собаки смычками
К корму с конур выбегают,
Завтра все то же... За днями
Дни без следа улетают.
Вдруг дровосек повалился
Навзничь — ногами дрыгает...
— Эй, поскорей, Василиса! —
Барышня девке вещает. —
Выдь-ка, спроси, что такое
Сделалося с Емельяном?
Видишь, махает рукою
И повалился как пьяный!

Девка, исполнив веленье,
Звонко смеясь, прибежала.
— Барышня! там удивленье
Что приключилось, — сказала. —
Вам и самим было видно,
Ну, так смекайте, в чем дело,
Мне ж доложить о том стыдно!
— Да не стесняйся и смело
Все расскажи — дозволяю;
Хоть *под политикой,* что ли.
— Барышня, право, не знаю,
Как угодить вашей воле.
Видите: как над дровами,
Значит, Омелька трудился,
Вот и дрыгает ногами,
Что до беды он добился.
Хм! *Под политикой?..* Щепка
(Дворней мы всей не столкуем)
В шарики треснула крепко,
Что у Омельки... под хуем.

## МУШКИ

*Новелла*

Возвратившись с развода, угрюмо сидел
На квартире своей гренадер.
Здоровяк, и елдак он отменный имел,
И по гвардии был офицер.

В это время мундир не скрывал хуя вид;
Ездят дамы затем на развод;
Отчего же красавец угрюмо сидит,
Что волнует его и гнетет?

Он последний вчера проиграл в карты грош,
Все именья в залоге давно,
И просрочен процент; ну, так жить для чего ж?
Жизнь ли, смерть — для него все равно.

А ведь жизнь между тем так приятна, сладка
Для того, кто во цвете всех сил,
Кто еще утолить не успел елдака,
Мало сердцем и еблею жил.

Размышляя о смерти, вдруг слышит звонок
(Денщика не случилось тогда),
Он о смерти писал, извещая свой полк,
Как уж водится это всегда.

Делать нечего, встал он и дверь отворил.
Незнакомец вдруг в маске вошел.
«Что угодно?» — его офицер мой спросил,
И тот вкрадчиво речь так повел:

«Испугать вас, конечно, не может мой вид,
Эта маска — лишь только секрет.
Красотою дворянский ваш род знаменит,
Недостатка и в храбрости нет.

Сверх того (в откровенность позвольте войти),
Вас природа снабдила сама
Елдачиной такой, что нигде не найти,
Дамы все от нее без ума».

«Ну, так что же?» — «А вот: вам сегодня развод
Несказанное счастье принес,
Не угодно ль в ночной собираться поход
И поспать на постели из роз?

Дама знатная, видевши ваш инструмент
На разводе, любовью горит
(Не сочтите, пожалуйста, за комплимент):
Вам прибыток большой предстоит.

Будут сыпаться деньги, валиться чины,
Лишь узнать не старайтесь ее —
Вот условье, его сохранить вы должны,
Остальное все дело мое.

Не должны также вы и еще говорить
Никому о свиданьях своих
И о том, что изволите там получить».
Офицер изумленный притих.

«Хорошо! — говорит. — Я оденусь сейчас,
Принимаю условье на честь...»
Незнакомец опять: «Предваряю я вас:
Завяжу вам глаза, как отвезть».

«Ничего!» — офицер, расхрабрясь, отвечал
И оделся в минуту он тут.
На глаза тот повязку ему повязал,
И к подъезду под руку идут.

Там карета закрытая ждала уж их —
Усадились, заперлись на ключ;
Незнакомец молчит, офицер тоже тих,
Чует, счастья блеснул ему луч.

Вот приехали: маска под руку опять
Офицера берет и ведет.
На подъезде прошли ступеней тридцать пять,
А шагам своим в комнатах счет

Офицер потерял. Перед дверью одной
Незнакомец его удержал:
«Ну, теперь вы на время расстаньтесь со мной».
Ввел, повязку ему развязал

И, ушедши, на ключ запер там одного
Офицера; кругом тот глядит:
Полумрак очень тусклый, одна лишь всего
Со щитком там лампада горит.

А в покое большом, в отдаленных углах
Уж совсем ничего не видать.
Офицер, осмотрясь и отбросивши страх,
Стал ходить и нащупал кровать.

Никого — лишь готова. Кругом аромат
Самый тонкий повсюду разлит,
И всей роскоши, неги богатых палат
Он, хоть ощупью, чувствует вид.

Меж разбросанной мебелью долго бродя,
Офицер мой присел наконец,
Призадумался он и, с часок погодя,
Взял, разделся совсем молодец,

До постели добрался и в гагачий пух —
Повалился, сперва утонув,
Но ведь пух тот упруг, и вояку он вдруг
Приподнял, как пружиной толкнув.

Вот для ебли угодье, еби его мать!
Кто же блядь? — офицер размышлял;
Но разнежила воина эта кровать,
Он, закрывши глаза, засыпал.

Вдруг виденье: как в облаке, в тонком белье
Вот сильфида явилась пред ним.
Ароматами веет так дезабилье
И сквозит оно, точно как дым.

И под бок вот к нему приютилась она,
Формы тела он все изучил:
Как атлас вся и в меру стройна и полна...
Полумрак их восторги прикрыл.

Поцелуям нет счету во время проказ,
Вновь с горячностью к ней он приник,
Не умаявшися от двенадцати раз,
Созерцая едва милый лик.

Но сильфида поспешно от ложа встает,
«До свидания! — шепчет ему. —
Одевайся!» Бумажник претолстый дает
И исчезнула вдруг как в дыму.

Офицер мой оделся — и маска опять
Появилась с повязкою вновь,
Тем же самым порядком отправились вспять,
Сам-третей, только с ними любовь.

Очутясь на квартире, разделся герой,
Предаваясь волшебным мечтам.
Открывает бумажник; что это? Бог мой!
Двадцать тысяч наложено там.

А назавтра развод; отличен молодец:
Лишь окончился только развод,
Ординарцем герой мой назначен в дворец,
Послезавтра чин высший берет.

Через день к незнакомке вновь тайный визит,
Наслажденьям не виден конец;
Сотня тысяч в кармане за пять раз лежит,
Да два чина схватил молодец,

Продолжается ебля, герой закутил,
Деньги сыплет, как будто бы Крез,
Третий чин он недавно опять получил,
Без войны в кавалеры залез.

Он в полгода полковник, и есть ордена,
А в кармане почти миллион
(Невзирая на трату). Так страстно она
Влюблена, да и сам он влюблен.

Между тем в той стране был суровый король,
И приметил вот он наконец,
Что играет он сам недостойную роль,
В чьих руках же, не знал молодец.

Он начальника главного тайно призвал
Офицера того, говоря:
Разузнать тоже тайно, где тот денег взял
И как в милость попал у царя.

И начальник, такой исполняя приказ,
Призывает того в кабинет,
Объяснить он ему предлагает тотчас,
Как до жирных дошел эполет,

Где он денег добыл и швыряет как прах,
Ну и прочее. Наш же герой
Хоть от этих вопросов почувствовал страх,
Но за тайну стоял он горой —

Говорил, что начальству удобнее знать
Насчет скорых чинов, орденов,
А про деньги, что счастливо начал играть.
Но начальник твердит свое вновь.

Пригрозил ему даже, что царь приказал,
Запираться — так значит пропасть...
Офицер все, что знал, тут ему рассказал:
Знать, его устрашила напасть.

Вот с докладом начальник к царю поскакал.
«Что же знаем мы? — царь говорит.
На лице пусть значок ей положит нахал
И тотчас же тебя известит».

И начальник все точно исполнить велел,
Как поедет в ближайший к ней раз.
Офицер загрустил и совсем оробел,
Не исполнить нет средства приказ.

Незнакомец, все в маске, так дня через два
Заезжает, а тот сам не свой
И отправиться к милой собрался едва:
Их любви был нарушен покой.

Он булавку в рубашку себе заколол
И меж делом, играючи с ней,
Невзначай будто, в щечку ее уколол,
Даже вскрикнула та: «Ах, злодей!

Что ты сделал? Ну, как покажуся теперь?»
Но лукавый изменник ее
Обнимает, целует... «О друг мой, поверь!
Сам скорблю за несчастье твое».

И он снова, ласкаясь, балуется с ней,
Даже жарче, как было сперва,
И не помнит уже тех враждебных затей,
Поцелуями тушит слова.

И лишь только домой возвратился, тотчас
Лошадей заложить он велел,
Проклиная в душе тот жестокий приказ,
Но к начальнику все ж полетел.

Рассказал, где заметка; а этот к царю.
Разослали билеты на бал,
Завтра пышный назначен приезд ко двору,
Всех, кто вхож во дворец, царь созвал.

Два часа уж, и знатные тех, кто знатней,
Посещают: томит новизна.
А красотка моя их встает попоздней,
Занята туалетом она.

Собралось в будуаре и дам и девиц
Штук под тридцать, и все молодых,
Все знатнейших фамилий, отъявленных львиц.
Смеху, резвости много у них.

Героине моей чтоб в беде помогти,
Не разнилась от всех чтоб она,
Согласились они в моду мушки ввести,
Хоть та мода — уже старина.

На одной чтоб и той же на щечке у всех
И на месте чтоб даже одном,
Налепить всем по мушке; серебряный смех
Раздавался в собрании том.

«Ах, как мило!» — от радости все чуть не сцат,
Так затея их та заняла.
Героини моей проясняется взгляд,
Становится сама весела.

Вот и бал наступил; через несколько уст
От подъезда летят имена.
Царь в приемной уж зале, хоть зал еще пуст:
Этикета прошли времена.

С генералом царь важным пред входом стоят
И входящих всех видят они,
Выжидают, за каждою дамой следят
И одною вдруг поражены:

Не из самых богатых и знатных была,
Удивлялись с царем генерал...
Вдруг другая с такою же мушкой вошла,
Шепот в зале тотчас пробежал.

Вот и третья, десятая... Дальше считать
Царь с досады совсем перестал.
«Обманули, — шепнул он. — Ебу их я мать!»
Генералу приказ новый дал.

Лишь окончился бал, офицер увидал,
Что приехал за ним посланец...
На постели знакомой он снова лежал
И дождался ее наконец.

В первый раз перед ним появилась она
В одеяньи, как следует быть,
И несчастного, должным отмщеньем полна,
Начинает в измене корить.

За неверность ему объявляет разрыв
И свиданьям конец навсегда.
Овладел им раскаянья поздний порыв,
Но она все твердит: никогда!

«Вы бесчестный, — сказала ему, — кавалер,
Не доверились силе моей...»
И меж шелковых скрылась внезапно шпалер;
Появилось же восемь людей.

Тут они офицеру ввалили пятьсот
И ушли преспокойно опять.
Он крепился кой-как, одеваться встает
И отвезен по-прежнему вспять.

На прощанье еще получил он пакет,
Сотня тысяч в него вложена,
Да еще на придачу разумный совет —
Не отыскивать уж, кто она.

Только в комнату он — посланец там другой:
От начальника. Едет, а тот:
«Чтобы все ухищренья, любезнейший мой,
Устранить, мы придумали вот...»

«Поздно, поздно уже, — офицер перебил, —
Погубил я карьеру свою.
От нее я отставку сейчас получил,
Посмотрите вы в жопу мою».

Тем и кончилось все, но ведь женский язык
И теперь, и всегда, как и встарь,
Тайн держать под секретом никак не привык:
От затейниц виновницу царь

Без труда разузнал — и ужасно вспылил,
Но, остынув, махнул он рукой.
Офицер лишь отставку тотчас получил
И отправлен домой на покой.

# ЦЫГАН

*Новелла*

Однажды кобылу гнедую
Магнату цыган променял,
Магнат же был польский; такую
С цыганом он шутку сыграл:
Заметив развязность в цыгане,
От быдла к какой он привык,
Своей сообщает вот панне
Затею спесивый старик.
Цыгана он в дом приглашает
И в зале его посадил,
Закуской его угощает...
Обеденный час наступил.
Доложен обед — и с семейством
Сажает цыгана за стол;
Гордится цыган пред лакейством
И в большую храбрость вошел.
Ест, пьет он, как будто бы дома,
И с паном толкует, как свой,
Как бы обстановка знакома
Вся та ему с детства... «Постой! —
Пан молвил (подали жаркое,
Пред ним поросенок стоит). —
Тебя за нахальство такое
Сейчас собираюсь казнить.
На, режь поросенка, как знаешь,
И то, что ты сделаешь с ним,
Сейчас и себе получаешь.
И помни — я неумолим».
Цыган поросенку свой палец
Под хвост, там, где жопа, воткнул
И с пальца повысмоктав смалец,
На пана спокойно взглянул.

И, этак раз пять повторяя,
Промолвил: «У, у! какой смак!
(Сам внутренний смех усмиряя)
А ну, и меня, пане, так!»

## ДВЕ ЖОПЫ

*Новелла*

Мужику-вдовцу попалась
В жены баба-дура,
Каждый день ей доставалось,
Лишь трещала шкура,
Особливо же за хлебы:
Печь их не умела.
Долго мучилась бабенка —
И не утерпела.
Стала спрашивать соседок,
Хлебы как поставить,
Как месить их, печь? Чтоб только
Мужика заставить
С ней такое обхожденье
Изменить на ласку.
И пошло о том сужденье
По селу в огласку:
Долго, долго рассуждали
Все об этом бабы;
Ведь на разные советы
Больно они слабы.
Заключение такое
Вышло неизбежно:
Чтоб запенилося в сраке,
Так месить прилежно.
Баба, хлеб поставив, месит;
Пасынок-ребенок
Тут сидел; лет пять примерно
Вышел из пеленок,
Говорить же научился,
Многое бормочет,
Есть иль пить себе попросит
Иль как срать захочет.

Баба месит, месит, месит,
Жопу заголяет,
Рук своих не обтирая,
За нее хватает.
Чтоб запенилось, не слышно.
Сыну приказала
Глянуть: есть ли пена в жопе?
Да и показала.
На своем тот сидя месте,
Поглядел и молвил:
«Мама! тут две жопы вместе,
И обеи в тесте».

## ПРОГУЛКА

Гулял один я по равнине
Вечерней летнею порой.
А соловей пел на калине
В саду над тихою рекой.
От острога говном воняло,
И где-то песня мужика,
Как медь разбитая, звучала,
Конечно уж, у кабака.
Но на такую обстановку
Вниманья я не обращал,
В мечтах я русую головку
Перед собой воображал:
Звучали бальные мотивы,
Я мнил и блеск и аромат,
Любви тревожные порывы...
В душе был рай — вокруг же ад.
Все эти праздные мечтанья
Вочью свершалися давно,
Но посреди воспоминанья
Вступил я вдруг ногой в говно.
И проклял я тогда засерю,
Который на дороге срал,
Уподоблял его я зверю,
Покамест ногу обтирал.
Потом унесся я мечтою
В далекий, неизвестный край,
Там все дышало красотою,
Казалося, попал я в рай;
Там тени не было злодейства,
Там всяк душой как ангел чист
Как вижу вдруг: у казначейства
Какой-то срал канцелярист.
Конечно, что по хладнокровью
Мне было это все равно,

Но как же бредить тут любовью,
Когда вокруг говно, говно!
И возвращался я уныло
В свой незатейливый приют —
Но прежде все, что только было,
Я на равнине высрал тут.

## ПОКЛОНЫ

*Новелла*

Зима; рождественские Святки;
Стоит безмолвен хуторок.
Уж поздно, не слыхать колядки,
В одной лишь хате огонек.

Ветха просторная избушка,
Но виден барский обиход:
Вдова-помещица, старушка,
Одна с прислугой в ней живет.

Уж лет пятнадцать проводила
Учиться сына, а потом
Она и мужа схоронила,
О сыне думает одном.

Теперь он офицером служит,
Письмо недавно ей прислал
Быть к Рождеству. Старуха тужит:
Канун рождественский настал.

Ждет-подождет — и нет терпенья,
Затем огни и зажжены...
У ней было обыкновенье:
Подол задравши до спины

Одежд всех, греться на лежанке,
А чтоб подол тот не держать,
Она всегда своей служанке
Его прикажет подвязать.

Так и теперь она сидела;
Ждет-подождет — терпенья нет;
Уж поздно, никакого дела,
Старушка делает обет:

Когда сегодня сын примчится,
Поклонов сорок положить.
Вдруг слышит, кто-то в дверь стучится...
Как радость сердца изъяснить?

Спросили: точно, гость желанный...
Старушка в угол, к образам —
И принялась класть неустанно
Поклоны счетом небесам.

Сын входит: странное явленье!
Старуха опустить подол
Забыла — и на удивленье
Ему свой выставила пол.

И сын, увидев штуку эту,
Спросил, что значит этот вид.
«Постой, сынок, то по обету», —
Мать офицеру говорит.

## В СТЕПИ

Сухая степь пуста; лишь изредка на ней
Полынь торчит или татарник, чернобыльник,
Да на щетинистой поверхности полей
Блестящей стелется сетями паутинник.
То одинокие, то свитые в шнурки
По воздуху летят бесчисленные нити,
И путешествуют в эфире пауки,
А небеса стоят торжественно открыты.
Блестящий солнца шар приветливо глядит,
Потухнул летний жар, а под лазурным небом
Разлита тишина, и ветер не шумит
Ни с белым ковылем, ни с золотистым хлебом.
Теперь, припав к земле, заметишь не всегда,
Как пар трепещет там под опаленной далью:
Так воздух тонкими струями иногда
Мерцает и дрожит над раскаленной сталью.
Зеленый некогда, в угрюмой синеве
Далекий лес рябит разнообразьем красок,
Прошли те времена, как, лежа в мураве,
Заслушивался я его немолчных сказок.
Вот стадо журавлей, углом пронзая высь
Тяжелым взмахом крыл, на юг стремится дальный...
Вдруг все смешалися, свились и развились,
И крик их слышится нестройный и печальный.
Зачем же кружатся? и так их путь далек!
То рвется молодежь назад к лугам родимым;
Но снова опытный вожатый их увлек
Вслед за собой к странам, всегда весной любимым.
Приятна нам весна, вся в зелени, в цветах;
Свои приятности имеет также лето;
Кому не нравится на ухарских конях
Промчаться по снегу пушистому; но это
Мне время осени спокойствие дает:

Все страсти улеглись, ничто души не двинет,
Ничто не тяготит, пока времен полет
Умчит отрадный день и дождь холодный хлынет.
Далекой осени я вспомнил чудный день:
На долгих ехал я и в хуторок уютный
Заехал ночевать, когда на землю тень
Уже ложилася и небо стало мутно.
Хозяин мой, шинкарь, женатый молодец,
По приказанию мне самовар поставил;
Достал из брички я дорожный погребец,
Яичницу еще изжарить их заставил.
Мне нимфа сельская, прислуга шинкаря,
Услуживала тут; красотка — хоть в столицу;
Я был молодчиком и, похотью горя,
Как спать все улеглись, обнял сию девицу.
Без прекословия все сделал в тишине —
И дерзость пылкая успехом увенчалась,
Какого ожидать не думалося мне.
Девчонка целкою на диво оказалась.

## ЗИМА

Седоволосая, стопою ледяною
Зима идет, за ней метелей рой летит,
И спряталась река под твердою корою,
И птица в роще не кричит.

Зеленые листы на опустевших ветках
Пушистым инеем везде заменены,
И хмель на сумрачных в саду моем беседках
Засох; решетки их сквозят, обнажены.

И по стволам дерёв, весною столь могучих,
Не бродит жизни сок, коренья замерли;
И небо пасмурно, и нет громов гремучих:
Замерзли звуки их вдали.

И негде высраться, не заморозив сраки,
И не подлижут мне теперь уж, как было
По лету, задницу дворовые собаки,
Их тоже снегом замело.

Не вечно хмурится суровая природа:
Опять проснется жизнь с могучею весной,
Повеет теплый ветр — и ясная погода
Зацарствует опять над радостной землей.

Тогда, как молод был, я в лес бежал зеленый...
О, не забуду я, покамест не умру!
Что там я испытал с Анютою, с Аленой...
Теперь же только там серу.

## ТОСКА

В теплой комнате сижу я,
Ветер воет на дворе,
И метель сильней бушует
О полуночной поре.

Тихо в комнате; докучно
Только маятник стучит...
На душе тоски тяжелой
Бремя тяжкое лежит.

Длится ночь как бесконечность.
Легкий сон ко мне слетел...
Вдруг среди полночной бури
Грохот громко прогремел:

То из заднего прохода
У старушки сорвалось,
Что уснула на лежанке,
Табаком набивши нос.

Тихо снова; тяжелее
Грусть томит... Ах! скоро ль день?
Озарит он скоро ль светом
И души и ночи тень?

## ЗАГАДКА

*Акростих*

Холят дам и девиц,
Ублажают цариц
И походки на сприц.

## АКРОСТИХ

Пойди сюда, моя милашка,
И покажи мне свой секрет!
Задрав подол, раскинь-ка ляжки
Да расстегни скорей корсет!
А там — сам знаешь что, поэт?

# ДИФИРАМБ

## I

Лежу один я на постели,
Горит все тело, ум молчит,
Восстанья плоти надоели,
Уж два часа елдак торчит.
И на постели одинокой
Мечусь как угорелый я,
То лик мелькнет голубоокой,
То черноокая моя.
Глаза мечты спустились ниже,
С лица скользнули по груди,
К заветной цели ближе, ближе...
Мечта проклятая, уйди!
Я мучаюсь ебни томленьем
И в мраке тщетно я ловлю,
Кого мое воображенье
Рисует и кого люблю.
Глаза напрасно закрываю
И успокоиться хочу —
Ясней ее воображаю,
Крылатой мыслью к ней лечу.
Мне кажется: на мягком ложе
Она раскинувшись лежит,
И что-то сладкий сон тревожит,
Улыбки примечаю вид.
И батистовая рубашка
Скользнула у нее с плеча,
Дрожит атласистая ляжка,
Пизда как пламень горяча;
В венке курчавых с завитками,
Едва раскрывшись, зев манды,
Как будто двигает губами
И множит пыл моей елды.

Восторг, восторг невыразимый!
О, не смущай меня, мечта!
Не то я, страстию палимый,
Дойду до ярости скота.
Об этом странном положеньи
Приятель раз мне говорил.
Завидное воображенье
И ярости завидный пыл!

## II

Назывался он Авдеем
И Марьяну обожал...
Полька-душка! полька-фея!
По тебе и я вздыхал.
И красавица кокетка
Истомила молодежь,
Стал ходить уж к ней я редко —
Ничего там не возьмешь.
Но приятель неотступно
Все преследовал ее
И — что было недоступно —
Стал считать он за свое.
То есть: он на ней женился
И хоть путь нашел открыт,
Но он так в нее влюбился,
Что не сделался сердит,
А напротив, вот в какие
Разговоры с ней вступал
(Те слова его лихие
Я тогда же записал):

### ОН

О мой рай! мое блаженство!
Верь! ценю безмерно я
Все Марьяны совершенства,

И пылает страсть моя.
Для Авдея Балемана
Нет на свете красоты
Лучше, краше, как Марьяна,
И милей одна мне ты!
Никогда душа героя
Не склонялася к любви,
Никогда с такой жарою
Не пылал огонь в крови;
Никогда елдак Авдея
Так упорно не стоял,
Никогда не еб блядей я,
Никого так не ебал,
Как тебя, мою отраду,
Как тебя, мой милый друг,
И за то тебе в награду
Буду верный я супруг!
Неразрывно нас с тобою
Съединил любви союз,
Не щадя ничуть собою,
Я до смерти заебусь!
Пусть рекою льется семя
С елдака тебе в манду!
Жизни нашей кратко время:
Нынче — здесь, а там — в аду.
Так спеши, спеши, Марьяна,
Наслаждением любви
И Авдея Балемана
Пыл страстей скорей лови!
Пролетят года младые
И притупится елдак,
И восторги удалые
Потеряют весь свой смак:
Не теряй же время даром!
Ляг скорей! елдак стоит!
Пусть ебня своим угаром
Наши члены очадит!

## ОНА

Слышу, слышу; я послушна!
Уж когда ебаться нам,
То ебаться нужно дружно:
Лихо я тебе поддам!
О, прижмись ко мне плотнее!
Суй повыше, под лобок! —
Я люблю, люблю Авдея,
Ты мой милый, голубок!..
Ну, теперь еби потише
Мне уж стало доходить
Раз, два, три... толкни повыше...
Так!.. Не может лучше быть!..

И Марьяна задрожала,
Жар по членам пробежал,
Тяжко грудь ее дышала,
Но огонь в глазах сверкал.

И, в восторге замирая,
Трепетал на ней Авдей,
И в пизду уже густая
Брызжет влага из мудей...
Что за сладость эта влага
Для девицы юных лет!
И вкусней она, чем брага,
Слаще фруктов и конфект;
И не надобно варенья
(Стоит думать о говне!),
Как сольются два творенья
В упоительной ебне.
Вот где лакомство и сладость!
Вот где вкус и аппетит!
Вот прямая жизни радость!
Вот где час, как миг, летит!
Этим только наслажденьем
На земле и жизнь красна,
Как дерёв и трав цветеньем
Благовонная весна!

Так, ебни узнав всю цену,
От зари и до зари,
Невзирая на измену,
Встарь еблись богатыри.

## СОВЕТ

В минуту жизни трудную,
Когда стеснится грудь,
Храни ухватку чудную
И постарайся бзднуть:

Есть что-то столь приятное,
Как облегчишь живот,
Что радость непонятная
Вдруг на сердце найдет.

С души как бремя скатится,
Томленье далеко,
Хохочется и плачется,
И так легко, легко.

## ГАДАНЬЕ

*Новелла*

Зимние Святки, и девки
Любят в ту пору гадать,
Брошены с прялками цевки,
Время настало гулять.
Да и гуляют, шельмовки!
Любо и вчуже взглянуть.
Хоть и мужички, а ловки,
Знают, как мать обмануть.
С парнями спят, и нередко,
Не дожидаясь венца,
Жарко и через заметку
Лезут на хуй молодца.
Барышни наши построже
Держат себя, ведь оне
Не люди; еться негоже,
А загадать о ебне
Можно. Что, замуж пойду ли
В нынешнем, дескать, году?
Но вы меня не надули:
Вижу, как чешут манду.
Скрып под окном раздается:
Барышня из дому — шмыг,
И за ворота; плетется
Парень в тот радостный миг.
Парень здоровый, румяный,
Только шатается он,
Сразу уж видно, что пьяный,
Ловко-таки нагружен.
Барышня парню: — Здорово!
Как тебя, миленький, звать?
Тот, поглядевши сурово,
Крикнул: — Ебу твою мать!

## ШЕСТЬ АКРОСТИХОВ

### I

Единственная вещь! тебя я днесь пою:
Любезна бабам ты и тешишь жизнь мою,
До поздней старости будь неизменным другом,
А в гробе хоть согнись, пожалуй, полукругом!

### II

Млея в восторге, всяк вас забывает:
Участь такая всех скромных всегда.
Да от кого же и сласть получает
Ебля? Спросите — что скажет пизда?

### III

Манит вид меня твой милый,
А натешусь — не гляжу;
Никнет мой елдак унылый,
Да и сам как пласт лежу,
А чтоб дурно — не скажу.

### IV

Целовать ее можно, покуда
Еблей губок не выпачкал ей;
Любо глянуть, ну что за посуда?
Краше всяких японских затей,
А пойди посмотри у блядей!

## V

Есть дело сладкое, его желает всякий,
Будь то богач или бедняк;
Нашел его у баб над сракой
Я — и вполне изведал смак.

## VI

Егор однажды, Катерине
Любовь желая доказать,
Давай с ней еться на перине,
А та пустилась поддавать.
И вот от этакой потехи
Пошли у них, ебена мать,
Из той чувствительной прорехи
Задор, да сованье, да смехи,
Да вышло дело наплевать.
А что такое? я не знаю,
Извольте сами отгадать,
За них ведь я не отвечаю,
Одно твержу: — Ебена мать!
Долой издольные одежды!
Навыкат подавай манду!
Открой сластолюбиво вежды!
Горячую возьми елду!
Особенным притом манером
Головку в устье заложи!
Не бойся, с этим кавалером
Ебись — и под конец дрожи!
Задам пизде твоей пирушку,
Да и свою натешу душку!
А ну-ка, ляжки разложи!

## В БОРДЕЛЕ

*Новелла*

Кутят на ярмарке купцы,
Женатые и холостые,
Приказчики и молодцы
(Есть в лавках должности такие).
В то время в бардаках содом,
Как будто в доме сумасшедших,
Дрожит, трясется блядский дом
И удивляет мимошедших,
Конечно, тех, кто не бывал
И оргий этаких не знает:
Там пьют, ебутся наповал,
Скандалов множество бывает.
Женатый раз в бордель купец
Ебать отправился в субботу,
А за такую молодец
Не взялся дома бы работу.
Вот, выбрав блядь, ее ведет
В покой с постелью, с образами,
Там запирается, кладет
И сладострастными глазами
Уж на продажные красы
Глядит; кафтан, штаны скидает —
И вот, разгладивши усы,
Взвалился; благовест внимает
К вечерне... Пламенный герой
Ебать тотчас остановился —
И что ж! Волк дуй его горой!
Он набожно перекрестился.

## СРАНЬЕ

*Ода*

Пускай в чаду от вдохновенья
Поэты рифмами звучат,
Пускай про тишь уединенья
И про любовь они кричат,
Пускай что знают воспевают,
Пускай героев прославляют;
Мне надоело их вранье:
Другим я вдохновлен предметом,
Хочу я новым быть поэтом
И в оде воспою сранье.

Глаза и уши благородным
Нас восхищением дарят,
От благовоний превосходных
Мы носом различаем смрад
И познаем чрез ощущенье
Вещей вне нас распространенье,
Порой и таинства любви;
Тогда сильнее сердце бьется
И час, как миг один, несется,
И жаркий огнь горит в крови.

Но, утомясь от тех волнений,
Мы слабость чувствуем всегда,
И силы чем для ощущений
Возобновляем мы тогда?
Тогда мы вкус свой упражняем,
Желудок же освобождаем
Мы благовременным сраньем.
Что силы наши возвышает?
Что тело наше обновляет?
Не то ль, что пищею зовем?

Когда я сыт — я всем доволен,
Когда я голоден — сердит,
Не савши долго — буду болен,
И яств меня не манит вид.
Я мыслю: даже в преступленье
Способен голод во мгновенье,
Без размышления увлечь;

Еда ж всему дает порядок...
Голодный стал творцом и взяток,
И он же выдумал и меч.

Пылая кровожадной страстью,
Войну всем сердцем возлюбя,
Герой одною сей напастью
Не может накормить себя.
И чем бы он с пустым желудком,
Когда ему приходит жутко,
В штаны мог надристать подчас?
Чужим провьянтом завладевши,
Он ждет, как будто был не евши
С неделю, чтоб иметь запас.

Богач, до старости доживший,
Скучая средь своих палат,
Четыре чувства притупивший,
До самой смерти кушать рад;
Ничто его не восхищает,
Он ничего не ощущает,
Как будто умерло все в нем:
Но хоть при помощи лекарства,
А вкусные не может яства
Не видеть за своим столом.

Бедняк, трудящийся до поту,
С утра до вечера, весь день,
Как может век тянуть работу?
На землю только ляжет тень,
Он перед сном не забывает

Наесться плотно; засыпает
И к утру бодрым встанет вновь:
Ведь сытый и душой бодрее,
И в гробе смотрит веселее,
Способней чувствует любовь.

Но вот принята смертным пища,
Едва он переводит дух,
Живот отвис до голенища
И тверд как камень он и туг,
Чуть-чуть его не разрывает,
Пыхтит несчастный и рыгает,
Казалось бы, пришла беда?
Но, чтоб избыть такое бедство.
На то отличное есть средство:
Друзья! садитесь срать тогда.

Какое чудное мгновенье,
Поевши, в добрый час сернуть!
И чтобы это ощущенье
Опять для чувств своих вернуть,
Мы с аппетитом полным, свежим
Опять свой вкус едою нежим —
И снова в нужник срать пойдем.
Возможно ли, чтоб в мире этом
Смеялись над таким предметом,
Который мы сраньем зовем?

Сранье — внушительное слово!
Из уст поэта целый век
Тебе гора похвал готова,
Почет ему, о человек!
И если ты, не размышляя,
Толпе безумной подражая,
Ему презренья бросишь взор, —
Улыбку сменишь одобреньем,
Почтишь сранье ты удивленьем,
Припоминаючи запор!

## ПЕСНЯ

У пизды-злодейки
Секель раззудился,
У младого парня
Хуй в штанах взъярился.
И молчат бедняжки,
Изнывая оба:
Здесь томит восстанье,
Там горит утроба.
Предрассудков бремя
Всех нас обуяло:
Поеблись бы только,
Как рукою б сняло, —
Да нельзя... А лучше ль
Эти несть невзгоды?
Воли нет послушать
Голоса природы,
Храбрости нет сбросить
Светские приличья
И кумир повергнуть
Глупого обычья.
Девка ж выдет замуж,
Парень станет мужем...
Так о чем же, люди,
Попусту мы тужим?
Ах! когда же время
Умное настанет
И стесняться еблей
Всякий перестанет?
Скоро ль беззаветно
Оба пола разом
Будут еться смело,
Забывая разум?
Будут еться вволю,
С всяким, где попало,

Только бы свободно
Ебли плоть желала?
Вот, хвалю мормонов
За прогресс огромный,
Там пизду не числят
За кусок скоромный,
Там ебутся вольно,
Ревность неизвестна,
Блядовать открыто
Вовсе не бесчестно.
Верю: век настанет
И у нас веселый...
Начинайте, девки!
Заголяй подолы!
Не робейте, парни!
Плотно жмите к хую!
И тогда я песню
Запою иную;
Запою и звонким
Голосом зальюся,
А теперь покуда
Дай-ка поебуся!

## ПЕРДЕЖ

Все сранье да сранье,
Брошу это вранье
На минуту, а петь буду что ж?
Сборник мой «Кислобздей»,
Воспевай же скорей,
Муза, звонкий, веселый пердеж!

Всякий знает из нас,
Как приятно подчас
Нам бывает чихнуть иногда,
Для меня ж, признаюсь,
В пердеже есть свой вкус,
И милей он мне чоху всегда.

Если скука меж нас
Пробралась хоть на час,
Как в беседе серьезной сидим,
Отыщись кто-нибудь,
Чтобы звонко стрельнуть, —
И исчезнет вдруг скука, как дым.

Тут в собрании том
Хохот будто бы гром
Пердежу тотчас вслед загремит,
Свободит от морщин
Лица дам и мущин,
Разговор веселей закипит!

А тому, кто пердел,
За скандал тот в удел
Облегченье придет в животе —
Дома я хоть пержу,
Но в гостях только бзжу,
Потому что здесь люди не те.

Здесь никто не поймет,
Даже в толк не возьмет,
Как опасно пердеж затаить,
Лишь одна здесь была,
Да и та умерла,
Дама, знавшая это ценить.

Вечер был у нее,
А здоровье мое
В это время в разладе было;
Меж девиц и меж дам
Придержался я там —
И желудок к груди подвело.

Прежде весел я был,
А потом загрустил,
Побледнел, посинел, как мертвец,
И готов был набздеть,
Да охоты уж нет —
Ветры сперлись, приходит конец.

То приметив, она,
Благородства полна,
В кабинет свой меня отвела,
Расспросив все вполне,
Капель гофманских мне
В рюмку с водкой она налила.

Без девиц и без дам
В отдаленьи я там
Разразился вдруг беглой пальбой:
И томленье прошло,
Разъяснилось чело,
И доволен я стал сам собой.

Вылетайте ж стрелой,
Треск и грохот и вой,
Никогда я уж вас не сдержу!

И хоть нечего есть,
Но шампанского в честь
Поднимаю бокал пердежу.

В назиданье же вам
Я совет преподам
Лишь один: берегитеся бздеть!
Стыд, позор... это — ложь!
Не воняет пердеж,
Но уж бзда невозможно терпеть.

Так пердите ж, друзья!
Буду вторить вам я,
А затем что-нибудь напишу.
А на нынешний раз
Будет этого с вас:
Так пойду же теперь попержу...

# ХУЙ

*Ода*

Парю и зрю душевным оком:
Миры несутся предо мной
В неизмеримом и высоком
Пространстве, ум смущая мой.
Все дивно, чудно, стройно это!
Вот длиннохвостая комета,
Вот лучезарная звезда...
А вот венец всего — пизда.
Пизда сокровище есть девы,
Сперва явилася у Евы,
Адаму ж дьявол крикнул: «Суй!» —
Пизда попалася на хуй.
И вот Адам младую деву
Прижал безжалостно ко древу,
Хоть древо мощное трещит,
А Ева между тем пищит,
Адама ж хуй как кол стоял,
Он целку мигом проломал.
И вот, склоняся голым телом
К нему на лоно, шепчет смело
Младая дева: «Не жалей!
Валяй еще, еще, скорей!
О, хуй! — веселье и услада, —
Кричит вновь Ева вне себя. —
Мне райских яблоков не надо,
Хочу лишь одного тебя!»
Зато и первый человек
Такою обладал шматиной,
Какой нам не видать вовек,
Как только разве у скотины.
О боги! что я зрю потом?
Ряд патриархов величавых

На сестрах, дочерях верхом,
Возящих в пиздах кучерявых.
Вот, например, хоть Мафусал:
Он малафейки набросал
В пизду, я чаю, ведер с сто —
Предивно было естество!
Сей ряд собой венчает Ной,
Который хуй имел такой,
Что даже черномазый Хам
Не верил собственным глазам.
И вот я вижу Авраама:
Он хуй имел такой, что встарь
Ему дивилась Сарра-дама,
Да и раба ее Агарь.
А, по сказанию Талмуда,
Однажды даже Авраам
В угоду сих прелестных дам
Не пощадил родного уда,
Конец его он отрубил,
Затем, что длинен крепко был.
Потом и прочие евреи,
Доселе злые лиходеи,
Обрезывают хуя край
И мнят чрез то вселиться в рай.

Сын Авраама и Агари,
Благообразный Измаил,
Измаилитян наплодил
От стран Синайских до Сахары.
Хуй был его как у отца,
Почти что как у жеребца.
Вот настоящее блаженство!
Затем у них и многоженство.

Еблась Ревекка с Исааком
С не менее задорным смаком;
Иаков тоже был не прост,
Двум женам залупляя хвост,
Нередко Лии и Рашели

Такие воздвигал качели
Из их горе поднятых ног,
Что вряд ли кто бы так возмог.
И, не довольствуясь женами,
Рабынь он несколько ебал,
Ебнею не пренебрегал
Старик, покрытый сединами.
Сей род еврейский знаменит
Издавна дивными хуями,
И даже ныне всякий жид
Возможет им поспорить с нами.
Жена Пентефрия, как блядь,
Хуи умела выбирать;
Тому пример Иосиф был,
Хотя ее и не накрыл.

Хороший был еврейский суд,
Когда в хуях судей был зуд,
И сверх того еще такой,
Что просто крикнешь: ой, ой, ой!
Вот двое, например, судей:
Измерить их нельзя мудей,
По мановению руки
Их воздымались елдаки;
Торчали, будто некий кол,
Упругости, величине
Их мог завидовать осел
(Что неприлично седине).
Взамен, чтобы судить других,
Раз случай был такой у них...
Но что рассказывать вам стану?
Довольно помянуть Сусанну.

У Гедеона столь нелепа
Была елда, что он ее
Употреблял заместо цепа,
В бою ж — как верное копье.
Нередко осаждая грады,
Он стены рушил без пощады

Ударами своих мудей;
Враги, то видя, ужасались
И тем от смерти лишь спасались.
Что выставляли полк блядей.

Самсон ебать ходил Далилу:
В своем огромном елдаке
Такую чувствовал он силу,
Какой не встретишь и в руке.
Бывало, чудная потеха!
Достойно слез, достойно смеха,
Как, настромив на мощный кляп,
Чрез головы швырял он баб.
Ему еврейки не давались,
Язычницы одни ебались.

А Илий-судия, хоть стар,
Немалый тоже был угар.
Когда Офни и Финееса
На брани вечная завеса
Смежила вежды навсегда,
Восстала вдруг его елда,
Потомство мня восстановить,
Но власть судьбы не изменить:
Упал внезапно навзничь он,
Сваливши свой лифостротон.
Елдак притом стоял как кол,
Что даже опрокинул стол,
Пред коим старец восседал
И мнил, что будто уж ебал,
Не ожидая лютых бед,
А между тем сломил хребет.

Схвативши Иов хуерик,
Кричал всечасно: «Бог велик!
Он может и без докторов
Спасти от ран хоть сто хуев».
И точно: победила вера,
Хотя проклятая Венера

Его повергла в стыд и смрад,
И целый издевался град
Над муками его страдальца,
Но ни единого и пальца
Ебливый муж не потерял,
Здрав стал и снова так ебал,
Что вновь потомство возымел.
Вот, значит, так не оробел?

Руфь, видя, как старик Вооз
Подваживал раз хуем воз,
Чтоб смазать оси и колеса,
Швырнула в сторону колосья,
В то время бывшие в руке,
На том торчала елдаке.
Ее подруга Поемин,
Узревши то, кричит: «Аминь!»
Так брак Вооза совершился,
От коего Овид родился.

Давид, раз сидя на балконе,
В то время, как его жиды
Дрались упорно при Хевроне,
Смотрел на дальние пруды.
Взнесясь коронами высоко,
Лес пальм не мог претить далеко
Царю окрестность озирать.
Час утра был; ему ебать
В то время страшно захотелось.
И вдруг он видит: забелелось
Нагое тело у пруда
И, мнится, видится пизда.
Рельефно груди, жопа, ляжки
Обрисовались у милашки,
Курчавый волос от пупа,
Как борода был у попа.
Елдак царев утерпевал,
Так медлить было бы негоже —
И вот Вирсавия на ложе

С Давидом прутся наповал.
Потом все каждому известно,
И продолжать здесь неуместно.

Плод этой ебли, Соломон,
Имел несчетно много жен,
И всех он удовлетворял,
А после плакал и вздыхал
(Про это знает целый свет),
Крича: «О, суета сует!»

В седую древность мысль проникла,
Далеко, в баснословный мир,
Гораздо ранее Перикла,
Гомера, Гесиода лир.
Я рылся и у Фукидида,
И в Книгах Царств, у Ездры-жида,
И Ботта, и Роулинсон,
Диодор, Санхониатон
Завесу мрака поднимали
И много чудных дел являли.
Все рассказать — громадный труд!
А что-нибудь припомню тут.

Красавица Семирамида
По муже плакала для вида,
Вышла же еться охоча,
Нашла такого богача,
У коего в штанах елдак
Одну лишь плешь имел в кулак.

Не раз в садах ее висящих
Их в ебле видели стоящих,
И запах роз, гвоздик и лилий,
Нарциссов, ландышей, жонкилий
Превозмогти никак не мог
Ту вонь, что у нее меж ног
В то время сильно испарялась,
Тогда как всласть она ебалась.

Был Вальтасар; его чертоги,
Казалось, выстроили боги,
Где он безмерно пировал;
А в промежутках той трапезы
Девиц отборнейших ебал
И был богат побольше Креза.
Столы ломилися его
От злата чаш, и вин, и брашен —
А хуй в то время у него
Торчал горе длиною в сажень.
Звяцай кимвал, греми тимпаны!
Все гости возлегают пьяны,
Кружится девиц хоровод,
Блестя едва прикрытым телом...

Вдруг с ложа Вальтасар встает,
Как будто бы за важным делом,
И зрит: мани, факел, фарес...
В то время как на девку лез,
Краснели огненные буквы
Ярчей раздавленныя клюквы
Его чертога на стене.
Ебню оставя в стороне,
Царь призывает Даниила
И хочет знать, что в них за сила.
Лишь только доблестный пророк
Всю правду истинну изрек,
Враги ввалилися внутрь града...
А дальше сказывать не надо.

А у царя Сарданапала
Ебня по сорок раз бывала
В течение одних лишь суток;
Его бесчисленных блядей
Меж ног зияя промежуток
Просили хуя и мудей.
А он, женоподобный царь,
Имея в жреческий кидарь
Одну лишь плешь, ебет, пирует,

Прядет с блядями, в ус не дует;
Весь в локонах и умащен,
Проводит дни в чертогах жен.
Вдруг вестник — враг на <стенах> града,
Все колет, рубит, жжет — пощада
Ему от сердца далека.
Не дрогнула царя рука:
В своих чертогах живо, смело
Он мечет в груду то и дело
Свои сокровища — и вот
Возжженный факел он берет,
Берет — дворец он поджигает
И хуем уголья мешает,
Как баба в печке кочергой.
То видя, жены страшный вой
Подняли о пропаже кляпа,
Но царь был воин, а не баба,
И только враг приспел в дом, он
Без страха кинулся в огонь.

Царя Навуходоносора
Не можно впомнить без усера.
Оставив трон, оставив жен,
На четвереньках ползал он,
Оброс по телу волосами,
Земли касаяся мудами
И долу опустив главу,
В полях скитаясь, ел траву.
Был наподобие скотины,
Сберегши хуй свой в два аршина.
А жены плачут день и ночь,
Нельзя им похоть превозмочь,
И, что попало в пизды суя,
В знак памяти царева хуя
И пудовых его яиц,
Лежат и млеют на досуге,
А он столицы той в округе
Ебет коров и кобылиц.

Прославленный на целый мир,
Могучий царь персидский Кир,
Царств многих грозный покоритель,
Был также мирных дел строитель;
Он знаменитый хуй имел,
А потому не оробел
И в первый год издал указ:
Бордели завести тотчас.

А Сезострис, хоть был вояка,
Не меньше славен как ебака;
Он в разных дальних сторонах
Хуй иссекал свой на скалах.
Всечасно дома и в походах
Он еб на суше и на водах!
О том свидетель обелиск,
Где семени из хуя прыск
Досель отчетно изражен,
Как объяснил нам Шампольон.
Эллады пышныя гетеры
Хуям не полагали меры,
Хоть будь хуй с виду как бревно,
Для них то было все равно.
Ксантиппа бедного Сократа,
Как хуй его был невелик,
Так била, что берет досада,
За то, что славный был мужик.
Аспазия ж Алкивиаду
Нередко давывала сзаду,
Лишь оставались бы муде,
А хуй пусть весь торчит в манде.
Кто был в кунсткамерах столичных,
Из тех, конечно, знает всяк,
Что много есть там штук античных,
О них скажу без всяких врак.
Вот светоч тут во форме хуя,
А вот Приапова статуя,
Нутро которого яец

Коробкой служит для колец;
Вот амфора с фигурной крышкой,
На ней Сатир с торчащей шишкой;
Для стиля вот футляр-елда,
А вот елейница-пизда.
Не помню: в Вене иль в Берлине,
В натуре или на картине
Хранился редкий древний щит,
Там представлялся Трои вид:
Стояла стража на стенах,
Вдали же, в греческих шатрах,
Вожди ебали пленных дев,
На хуй воинственно их вздев.
В одной палатке был Ахилл,
Он по пизде тогда грустил:
Агамемнон ее отнял —
И витязь доблестный вздыхал.
Здесь также зрелся Менелай,
Он, потеряв в Елене рай
Восторгов, этак от тоски
Ярил, схвативши в две руки,
Свой толстый как полено кляп.
Тут воины ебали баб
В различных позах по шатрам,
Да то же было в Трое: там
Вдали виднеется Парис,
С Еленою они сплелись
И наслаждались наповал;
И Гектор тоже не дремал,
С женой прощаяся своей;
Его огромнейших мудей
Страшась, ебливая жена,
Лишиться, грустию полна,
Их держит трепетной рукой:
Так Андромаха мужа в бой
Не отпускала от себя,
Ебаться страстно с ним любя.
И много сцен было на том
Щите рельефном дорогом.

Виднелся здесь и лютый Марс,
Минерву там ебал Аякс,
Лежал он сверху, а под низ
Пробрался хитростный Улисс,
Кусок поуже отыскал,
Афину в жопу он ебал.
Но что за странная картина?
Меркурий, Зевса посланец,
Венеру нежит до яец,
Поставив раком. Вот скотина!
А в стороне стоит Амур,
Всех поощряя этих дур.
Тот щит был взят Наполеоном —
С тех пор он без вести пропал,
Вазари лишь учебным тоном
О нем статью нам написал.
Царь Македонский, сын Филиппа,
До бабьего был лаком сипа,
Нередко жопы раздирал.
Ах, побери его провал!
У богача лидийца Креза
Дыра бывала у портшеза,
Куда он опускал свой кляп,
Которым еть не мог он баб;
Себе он выписал слоних
И только их ебал одних.
Когда до Капуи добрался
Победоносно Аннибал,
Весь штаб его там так ебался,
Что, видя то, и он ебал.
Сей черномазый африканец,
Отбросив меч и снявши ранец,
Схвативши свой почтенный кляп,
Ярил во ожиданьи баб.
И вот отборные девицы,
Матроны важные римлян
Влекли отвсюду: из столицы,
Из ближних и далеких стран.

Пока бесстрашные купчины
Свои точили елдачины,
Тим знаменитый не дремал —
И побежден был Аннибал.
Краса античного театра,
Когда бы на него взошла,
Царица-шлюха Клеопатра
Себе приличный хуй нашла;
В объятиях ее Антоний,
Достойный смеха иироний
Легионариев своих,
Заснул — и рок его постиг.

Рим, торжествующий, надменный,
Оставив праотцев завет,
Рабами-греками растленный,
Дождался неисчетных бед.
Заглохнул форум знаменитый,
Трибун умолкнул навсегда,
И благо общее забыто,
И потеряла честь пизда.
Дидаскалы из греков скоро
Там педерастию ввели,
Не снесши этого позора,
Матроны блядовать пошли.
И посреди тех оргий блядских
Спасти Рим вольность не умел:
Ряд императоров солдатских
На шею миру игом сел.
Тут блядовство пошло на диво,
Что разве в сказках рассказать,
И счастие, что в век ебливый
Венеры было не слыхать.

Читал я в гидах иностранных,
Чтоб в Кельне осмотреть собор,
Где в переходах склепов странных
Сидит нетленно до сих пор

Карл I, прозванный Великим,
Который веру саксам диким
Мечом нещадным навязал
И этим миру показал
Ряд подражательных явлений,
Чрез что и славится как гений.
И вот нетленно он сидит,
От носа вверх на пол-аршина
Елдак его горе торчит...

Что значит царская шматина!
Но духовенство деньги любит
И знаменитый хуй сей губит.
Для ладанок, как талисман,
Его немилосердно стружит
И с богомольцев за обман
Берет наживу и не тужит —
Вот тысяча уж с лишком лет,
А хую убыли все нет.

У папы Юлия II
Была ученая корова,
Манда ее была гола
И папе этому мила.
Из хроник видно, что, бывало,
Она ему и поддавала
В то время, как играл орган, —
Так что из самых дальних стран
Католики толпой стекались
И ебле этой удивлялись.
Благоговейно и пристойно
Архидиакон хвост держал,
Когда по такту, мерно, стройно
Святой отец ее ебал,
С главы отбросив колпачок,
К корове легши под бочок.
И не один на диво кляп
Бывал еще у многих пап.

А у Ричарда Сердце Львино
Была отменная шматина;
Меч сокрушив, сломив копье,
Ее он обращал в дубье
И бил нещадно сарацин
Среди неведомых пустынь.

Тож Барбаросса Фридрих, славный,
Имел в штанах елдак исправный,
И, пылкой яростью томим,
Как воевал Ерусалим —
В свое не возвратился царство,
А принял там магометанство,
Чтоб жен с полтысячи иметь
И их беспрекословно еть.

Зрю Генриха я Птицелова
(Охотник знаменитый был),
Он часть из своего улова
Для пап нисколько не щадил.
В грехах ебливых разрешенье
Он ежегодно получал,
И в мире не было творенья,
Какого б муж сей не ебал,
Лишь только б засадить елдак,
А там наверно будет смак.

А вот XIV счетом
Людовик: тот с рогатым скотом
Сойтися не пренебрегал,
Жену оставив и любовниц,
Он подговаривал коровниц
Водить телушек и ебал
Скотин с немалым наслажденьем.
Но мир не обладал уменьем
В то время оспу прививать,
И королю околевать
От сей заразы привелось
В то время, как совсем зашлось.

Великий Петр раз в пьяном виде
Мощь хуя своего на жиде,
Быв в Польше, миру заявил:
Он в ухо так его хватил
Наотмашь хуем, что еврей
Не прожил даже и трех дней.

Аники, гайдука Петрова,
Елдак в кунсткамеру попал,
А потому, что уж такого
Давно мир новый не видал.
Его нередко пел Барков,
Как славу русских елдаков.

Потемкина был хуй таков:
Двенадцать старых пятаков
На нем укладывались вольно,
Раз выебет, и то довольно.
Бывало, мать-Екатерину
Как станет еть, так та перину
Нередко жопой провертит
Да после целый день кряхтит.

Семен Иваныча Баркова
Как вспомнишь, не найти такова
И не видать ебак таких
Меж нами. Вот ебать был лих!
Он сряду еб раз пятьдесят
Собак, индюшек, поросят,
Не утоляя елдака,
Так страсть была в нем велика.
Бывало, гирю взяв в два пуда,
Лукин, известнейший силач,
Навешивал на кончик уда
И с ней пускался бегать вскачь.

У нас в России духовенство
Ебней прославилось давно,
И для попадей все равно:
Поповский хуй — в раю блаженство.

Когда поповича, бывало,
Учиться в город привезут,
Чтобы дитя не баловало,
Его сначала посекут,
И порют малого, пока
Сквозь пол не встромит елдака.
Хотя предание о том
Свежо — но верится с трудом.

Мол, напрасны все старанья,
Ебак я всех не опишу,
Не лучше ли на сем сказаньи
Свою я оду завершу?
Из мрака древности, из рая
Ебня возникла меж людей
И, чувство плоти услаждая,
Плодит меж бабами блядей.
Пизда отличная машина,
Но, там что хочешь кто толкуй,
Она раба, за господина
Один поставлен мощный хуй.
О хуй! любезных дел творитель,
Блаженства дивный инструмент,
Пизды всемощный покоритель,
Прими бессмертия патент!
Тебе его я днесь вручаю
И оду эту посвящаю,
Прими, восстань и возъярись!
На легионы пизд вонючих,
Слезливых, жарких и скрипучих
Вновь с новым жаром устремись!
Ебнею до скончанья века
Тешь чувства бренна человека,
Свой долг исполнить ты люби,
А в оный день кончины мира
Ты под конец последня пира
Пизду последнюю заеби!

# АНТОН ШУТОВ

*Баллада*

Раз полночной порой
Ото сна мой герой
Вспрянул
И из жопы своей,
Как из пушки, ей-ей,
Грянул;

И, надевши халат,
Побежал из палат
Духом;
Этот знаем рассказ
По дошедшим до нас
Слухам.

Говорят, будто он
Назывался Антон
Шутов,
На ночь много едал
И ужасно как срал
Круто.

Прибежал он на двор
И внимательный взор
Водит
По сараям — и там
Он по разным углам
Ходит.

Не приметил, знать, днем,
Где он с братом вдвоем
Срали,
А в полночной тиши
В доме все до души
Спали.

Ну, итак, ходит он:
Только жалобный стон
Слышен,
Дело, видите, в том,
Что объелся он днем
Вишен!

Он их с ядрами ел...
Вдруг Антон запердел
С ревом,
Будто гром прогремел,
Будто он пламенел
Гневом.

Прокатилось затем
Там по улицам всем
Эхо.
Но, знать, крепко всяк спал,
Что никто не поднял
Смеха.

Лишь Антон все стонал,
Наконец он сыскал
Место,
Где лежало говно.
Как бы в пост сварено
Тесто,

Что готовят и жрут,
Солодухой зовут
Бабы,
Но нельзя есть его,
Нервы чуть у кого
Слабы.

Предварительно бзднув,
Шутов, ноги согнув,
Жмется,

Но не твердый кусок
И не жидкий поток
Льется —

Лишь натуги одне,
Сидя он на говне,
Деет,
И для этих натуг
Издержал он весь дух,
Млеет —

Нет уж более сил,
И Антон наш вскочил
Вскоре
(Он в решеньях был скор),
Зная то, что запор —
Горе!

Вспомнил вдруг, что в столе,
Что в передней, в угле
Было
Блюдечко, а на нем
Преизряднейший ком
Мыла.

Наш Антон побежал
И его отыскал,
Стружит —
При занятии том
О несчастьи своем
Тужит.

Спичку сделав в вершок,
Он заткнул тот кусок
В сраку,
А кругом тишина,
И была ночь полна
Мраку.

Вновь уж он на дворе
И сидит на норе
Братской,
Собираясь тотчас
Все повысрать за раз
Хватски.

И не долго сидел:
Страшно вдруг запердел,
Дрищет,
Дробью дернет, потом
Будто вдруг соловьем
Свищет.

Эта дробь, этот свист
В лесе с дерева лист
Валит,
А ему нипочем,
Залп за залпом, как гром,
Палит.

На насесте петух,
Приведенный в испуг
Сильный,
Поднял с курами крик,
А в дороге мужик
Пыльной,

Будто слыша грозу,
Задрожал на возу
С страху,
Конь, что в стойле стоял,
Оторвался и дал
Маху,

На цепи был там пес,
Взял от страха понос
Серку,

А Антон, дивный муж,
Высрал целую уж
Мерку.

На востоке из туч
Проглянул солнца луч
Первый,
Шутов срал и пердел
И вокруг насмердел
Стервой.

Люди, птица, скоты
Стали от духоты
Дохнуть,
Так что даже иной
Не успел раз-другой
Охнуть.

Все легли наповал,
И последним пропал
Шутов,
Навернув пред концом
Кучу целую с дном —
Круто.

Запустела страна
И смердела она
Веки;
Тишина, как в ночи,
Там иссякли ключи,
Реки —

Только вольный порой
Заведет ветер вой,
Свищет,
Да, до трупов охоч,
Волк голодный в полночь
Рыщет.

## ЖУК И СТРЕКОЗА

*Басня*

По пыльному пути однажды пред грозою
Жук черный странствовал с резвушкой стрекозою
Из города в поля, а в город их завез
Мужик на ярмарку, укравши сена воз.
Торопятся они, чтоб от дождя уйти.
Известно — стрекоза быстрей жука в пути,
Да, вишь, товарища покинуть не хотела,
А буря между тем внезапно налетела.
Клубится легкий прах, сокрылся солнца луч
От пыли взбившейся и от набега туч,
И грянул гром. И зрят они: середь дороги
Спит баба пьяная, углом раскинув ноги,
И видят путники: у бабы между ног
Две дырки значатся, вокруг же черный мох.
Гроза меж тем летит все ближе, ближе, ближе,
Не время рассуждать: в ту дырку, что пониже,
С немалым хоть трудом, залез, однако, жук,
В то время как из той дыры раздался звук,
А в верхнюю дыру и стрекоза засела,
Особенных трудов при этом не имела.
Сидят они и ждут, пока гроза пройдет,
И солнце выглянет, и ветер вой уймет.
Случилось, шел солдат по этой же дороге,
У бабы видевши раскинутые ноги,
Он случая поеть никак не упустил,
Спустил свои штаны и бабу ту накрыл.
Наебшись досыта, пошел своей дорогой,
Оставивши пятак той пьянице убогой
На память о себе, она ж, как прежде, спит.
Меж тем гроза прошла и снова ясный вид
Природа приняла. С обмокшими крылами
Вылазит стрекоза, чуть двигая ногами,
За ней и жук ползет, ни в чем как не бывал.

«Ну что, любезный кум, как ты квартировал?» —
Спросила стрекоза. «Да не совсем-то ладно...
В квартире у меня хотя было прохладно,
Затем что изнутри нередко ветер дул.
Но чуть было я там не крикнул караул!
Два круглых толстяка каких-то волосатых
С азартом у дверей моей стучались хаты.
Но я ведь не дурак, я дверь не отворил,
С тем и назад пошли», — так жук проговорил.
«А долго ль был тот стук?» — спросила стрекоза.
«Да так, без малого, что будет в полчаса.
Ты как?» — «Да что, любезный куманек!
Забилась я себе в укромный уголок,
Сижу и думаю о нашем общем горе,
О буре, о дожде и скоро ль на просторе
Опять в родных полях задребезжит мой крик;
Смотрю: в нору мою ползет ко мне старик,
Весь лысый, страшная такая образина,
А рожа у него краснее, чем малина.
Я дальше от него, а он за мной вдогон,
Чуть-чуть не достает, и будто выйдет вон,
Да с новой яростью как бешеный наскочит,
Ну, так и кажется, что съесть меня он хочет.
Скакал как на цепи, то взад он, то вперед,
А я уж чуть жива, и лихорадка бьет,
Забилася себе я в угол самый дальний
И жду там с трепетом судьбы себе печальной.
Однако до меня он доскочить не мог —
Все время у него не видела я ног.
Наверно, кто-нибудь держал его снаружи,
Не знаю, к лучшему то было или хуже,
Старик в неистовстве так под конец вспылил,
Что восемь плюнул раз — и так меня облил
Как будто бы белком, что видишь, как хожу я!»
Что в заключение сей басни вам скажу я,
Читатели? Иной, как жук и стрекоза,
О многом умствует, не зная ни аза.

## НАСЛАЖДЕНИЕ

Люблю я с часок на диване
Понежиться после обеда,
Мила мне, как деньги в кармане,
Со всяким живая беседа.

Смотрю на природу с улыбкой,
Приятны мне звуки музыки,
И девы стан стройный и гибкий,
И запах роскошной гвоздики.

И девственных персей на бале
Почти что открытые волны,
Когда их хозяйки по зале
Летят, упоения полны.

Пристрастен к прекрасному полу,
Везде красоту обожаю,
Дрожу, прикасаясь к подолу,
И, кажется, воображаю...

Восторги... Но лучше, милее
Всего, что я только исчислил,
Когда становлюсь веселее,
Когда проясняются мысли!

То это в такие мгновенья,
Когда в тишине у забора
Желудок по пищевареньи
Очищу и легко и скоро.

Когда ветерок шаловливый
Уносит от носа смрад гадкий,
А я, одинок, молчаливый,
В тиши наслаждаюсь украдкой.

# ПИЗДА

*Ода*

Пизда, пизда! Как это слово,
Хоть для меня уже не ново,
Волнует, возмущает ум!
При свете дня, в тумане ночи
Она является пред очи,
О ней я полнебливых дум.
Ну, так и кажется, что ляжки
Атлас я слышу под рукой,
И шелест задранной рубашки,
И взор краснеющей милашки,
И трепет груди молодой...

Пизда — венец всех наслаждений,
Пизда — вместилище утех,
Предмет для вольных песнопений,
Пизде и кланяться не грех.
Пизды и самый вид приятен;
О совершенный инструмент!
Вид хуя, точно, бодр и статен,
Почтенный кажется... но нет!
Ну что за милые пизденки
У девочек лет десяти,
Как не пробились волосенки
Еще... Ах, мать их разъети!

Пизда — волшебное созданье,
Творенья жизни в мире сем
Как бы последнее сказанье,
Как бы поэма из поэм.
Волос курчавый треугольник
Совсем от самого пупа
Один знакомый мой, покойник,

Любил, как бороду попа;
Их под рукою тихий шепот
Желанья в нем тотчас будил,
И жертвы был напрасен ропот,
Когда в экстаз он приходил.

С невинностью недавней лежа,
Еще не потерявшей стыд,
Не раз на холостом я ложе
Румянец чувствовал ланит —
Рукой медлительной рубашку
Не торопясь я поднимал,
Трепал атласистую ляжку
И шевелюру разбирал,
Колебля тихо покрывало,
Внимал я воздух пиздяной,
Елда же между тем вставала,
Кивая важно головой.

А груди? Чудная картина
У девушки в шестнадцать лет,
Сосочки!.. Что твоя малина!
Отбрось перо скорей, поэт!
Восторг, восторг невыразимый.
О, не волнуй меня, мечта!
Не то я, страстию палимый,
Дойду до ярости скота.
Добившись случая такого,
Чтоб только их в руках держать,
Нельзя тогда не задрожать,
Не млеть... и более ни слова.

Но что же я пизду оставил?
Давно пора вернуться к ней.
О, если б я ее прославил
Превыше хуя и мудей!
Безумие существ разумных
И их источник жизни ты,
Пизда!.. не надо зрелищ шумных,

Твоей довольно наготы,
Лишь только б злобная судьбина
Продлила время нам ебать,
Вставал чтоб долго елдачина...
А впрочем, что тут горевать?

Когда любовная охота
Притупится или пройдет,
Не призывай на помощь черта,
На это глух он — не придет.
Конечно, невстаниха — бедство,
Но есть отличнейшее средство
Беде и горю помогти:
Раздвинь пизду тогда руками,
Изведай глубь ее глазами —
И снова будешь ты ети.

Пизды раздвинутой смотренье
Желанья возбуждает вновь,
Бросает чувства в опьяненье —
И к бляди чувствуешь любовь,
Любовь плотскую разумею,
Но, если правду вам сказать,
Свершив ебливую затею,
Скорей стараюсь я бежать.

Не раз у горничных, случалось,
Поутру, летнею порой,
Пизду мне видеть удавалось
Вразрез... Ах, волк их дуй горой!
Волос раздвинутых порядок
Чертовски кровь волнует вдруг,
Мне мил, приятен, дорог, сладок
Пиздяный специальный дух.

Все это, впрочем, пред ебнею,
При виде чаемых утех,
Я мню: согласен всяк со мною,
Что, вволю насладясь пиздою,

В нее и наплевать не грех.
Вот, кстати, что бы за причина?
Девицы любят навзничь спать:
Должно быть, снится им мужчина
И удается узнавать,
Не ебшись, сладостное чувство
Во сне; весь тот ебливый смак,
Которого воспеть никак
Не может явственно искусство.

Пизда, пизда! опять взываю,
Опять желаньем изнываю,
О ней я не могу писать;
Бурлят во мне и бродят страсти,
Но для себя их за напасти
Не буду никогда считать;
Не смолкнет петь моя их лира...
Я знаю: при кончине мира
Пизда — наш идол и кумир —
Последняя оставит мир.

Так с корабля последний сходит
В его крушенье капитан,
Он взор кругом себя обводит,
Но никого уж не находит —
Пред ним пучина-океан!..

## НЕОБЫКНОВЕННАЯ ИСТОРИЯ

### I

Эх ты, жизнь ли моя незавидная,
Злополучная доля моя!
Иль судьбы то насмешка обидная,
Что несчастлив на свете сем я?
Неудача во всем мне жестокая.
Помню, был я еще невелик,
Полюбила меня черноокая,
Поступь важная, ангельский лик.
Очень долго за ней я ухаживал,
Вся душа пламенела огнем;
Я сначала под окнами браживал,
Прежде ночью, а после и днем.
Наконец добиваюсь свидания,
Но какой же случился конец?
Средь нежнейшего к милой признания
Перднул звонко я... Вот молодец!

### II

Раз приятели шумно заехали,
Чтоб отправиться вместе на бал.
Я был молод, так бал не утеха ли?
С удовольствием я поскакал.
Входим: общество самое модное,
Настоящая, так сказать, знать,
И убранство везде превосходное...
Мы пустились тотчас танцевать.
Любовался я милыми лицами,
Вихрем несся то с этой, то с той,
Но меж всеми на бале девицами
Возвышалась одна красотой.

Многочисленной будто бы свитою,
Кавалерами окружена,
И косой, жемчугом перевитою,
И брильянтами блещет она,
А сама-то, сама — восхитительна!
Нет красавицы лучше ея,
Десять раз подходил я почтительно,
Танцевать собираясь с ней я,
Но добиться никак не мог случая,
Потому что известно и вам,
Что на бале красавица лучшая
Нарасхват приглашается там.
Дочь посланника, этак испанского,
И красавица — ей ли сидеть?
Я для храбрости выпил шампанского,
И тут мне захотелось пердеть;
Но такое в себе неприличие
Силой воли я вмиг заглушил...
Вдруг в мазурке она мне отличие
Оказала; я всех удивил.
О, с каким сердца радостным трепетом
По паркету я с нею лечу,
Гармоническим нежуся лепетом,
Как послушною жертвой верчу!
Я мечтал уж: ну, если да влюбится?
Просто буду я графом тогда,
Титло это ведь тестем мне купится.
О, свети же мне, счастья звезда!
Но судьба-то моя горемычная
Не спустила и тут, как назло,
И с мечтою красотка отличная —
Все как дым улетело, прошло.
Я летел по паркету с ней скользкому
И выделывал разные па
По обычаю, знаете, польскому;
И на нас загляделась толпа.
Вдруг (вам скажут об этом приятели)
Как под музыки чудный мотив
Расчахнулися ноги, предатели,
И я перднул, оркестр заглушив.

Роковое мгновение, лютое!
Будто гром посредине упал...
Все собрание пышно-надутое
Поспешило оставить вдруг зал;
Лишь мужчин с сотню с лишком осталося,
Началася расправа тогда...
Что мне, бедному, только досталося!
Буду это я помнить всегда.

### III

После этого, знаете, случая
Время мне подоспело служить,
Но судьба в нападеньях могучая
Не забыла и тут насолить.
Отправляясь с покорным прошением,
Не забыл я наполнить карман,
Подал, но, пораженный смущением,
Обратился почти в истукан,
Онемел, как пришлося отсчитывать...
И на грех разболелся живот...
Не случалось ни видеть, ни читывать,
Чтоб кого прошибал такой пот.
И вдобавок ко всем злоключениям
Удержаться никак я не мог,
Не дождавшись еще заключения,
Обосрался от жопы до ног.
Ну, известно, засерю столь дерзкого
Вмиг, как следует, выгнали вон
И, как чина был не офицерского,
По шеям угостили за вонь.

### IV

Не для нас, видно, царские должности,
Не служить, знать, таким серунам!
Я затем добивался возможности

Поступить хоть к богатым панам —
К Шереметеву, что ль, управляющим,
Тысяч за десять рубликов в год;
И к палатам его я блистающим
Раз направил под вечер поход.
Доложен, и как следует приняли,
Посмотрели ученый диплом
И внимательным взором окинули —
Я ж отвесил нижайший поклон.
Разговором потом удостоили,
Посадили поодаль на стул,
Планы разные строили, строили:
Я все слушал — и глаз не мигнул;
Наконец дали и обещание,
А затем принялися зевать,
Тут смекнул я: пора на прощание
Ручку графскую поцеловать.
Усмехнулися, руку отдернули,
Потрепали меня по плечу
(Вы бы, верно, читатель, тут перднули,
Но я опытен уж — и молчу).
Напоследок оставили ужинать,
Мало — даже оставили спать.
Не одна уничтожена дюжина
Вин — и вот предо мною кровать.
Вот уж роскошь! Да дело вестимое,
Просто прелесть, как водится уж,
Ведь богатство-то несовместимое,
Ведь сиятельный доблестный муж!
Я уснул после сытного ужина
Как убитый; но тут-то беда:
Все, что было там только покушано,
Мне приспело извергнуть тогда.
Ночью, в доме обширном, неведомом
По роскошным я залам бродил
И, хозяина там я без ведома,
Просто ужас уж как накадил;
Наконец в кабинете сиятельства,
Где и сесть я боялся бы днем,

Мне приспичило от обжирательства
Разрешиться постыдным сраньем.
Что за этим потом приключилося?
Не хочу даже и говорить;
Страшно, если бы это приснилося,
А не то чтобы вновь повторить.

## V

Доносились ко мне слухи разные,
О моих приключеньях шел спор:
Рассуждали дворяне, приказные,
И купцы и мещане с тех пор
Говорили, что, будто, как женится,
Чему верить боялся лишь я,
Без сомненья уже переменится
И не будет такая свинья.
Стороной то все люди проведали,
О чужой горевали беде,
Соберутся на вечер, беседа ли,
Разговор, так, пустячный — везде
Мое имя вертелось несчастное
На досужих людей языках...
Помню: утро стояло ненастное,
Дождик лил из ведра, просто страх:
Вдруг заходит старушка почтенная,
На макушке повязан платок,
На лице же улыбка бессменная,
Говорит — как читает урок:
«Что-де, барин, вы этак осунулись,
Как такому, как вы, молодцу
Горевать? Вы, я чай, не надумались
В вашем горе прибегнуть к венцу,
А у нас есть товар небракованный,
Краля-девка, дородна, скромна,
И у ней сундучок есть окованный,
А нарядов, как чаша полна —
Целый дом; ищут лишь благородного,

Потому что родитель-отец,
Понажившись с подряда доходного,
Стал и сам сановитый купец.
Все свое после смерти имение
Предоставит тебе наверняк,
Лишь возьми на минуту терпение,
Придержись, не перди, как дурак;
А покуда схоронишь ты старого,
Только сам не плошай, будь умен,
В сундучке-то у крали без малого
Припасен для тебя миллион...»
Голова у меня закружилася,
Заподозрил я даже свой слух.
Эко счастие с неба свалилося!
И я в ноги старухе той — бух!
Что сказать ей, не знаю сам. Бабушка!..
Ах!.. А дальше коснеет язык...
«Не робей, разутешит разлапушка!
Ты, знать, к счастью еще не привык.
Так согласен? Смотри ж, меня в случае
Не забудь! А теперь не горюй,
Я одежу пришлю тебе лучшую,
А назавтра: *Исаия — ликуй!*»
Как случилось все это — не ведаю,
Вправду счастье то или напасть?
Вот назавтра сижу и обедаю,
Размышляю, а бабушка — шасть!
А за ней узел с разною разностью...
«Одевайся; готово, уж ждут.
Будешь тешиться целый век праздностью».
Не сказал я ни слова ей тут.
Едем; дом-то? взглянуть — шапка валится;
Входим; роскошь такая видна;
Поп нас встретил уж в ризах и пялится
На известного всем пердуна.
Оробел в роковое мгновение,
Захолонуло все в животе...
Поразило меня удивление,
Как явилась невеста в фате —

Печью печь, а меж тем так разряжена,
Вся в брильянтах, горбата, крива...
Что мне делать? А дело-то слажено;
Закружилась моя голова.
На ковер вот нас рядом поставили,
Поп молитву уже прочитал,
На невесте одежу оправили,
И родитель икону уж взял,
Сваха булку с солонкой... Как следует,
Стал, крестяся, творить я поклон
(Плохо — кто перед браком обедает),
Вдруг пустил я из жопы трезвон:
Тра-та-та! тра-та-та!.. Изумления
Тех людей не могу описать.
Я, поднявшись, во время смятения
Без задержки пустился бежать.
Да и там обо мне не печалились,
Приписали примете дурной,
От испугу шептаньем поправились,
Как я слышал потом стороной.

## VI

Вот такими-то рока ударами
Загнан был я в питейную часть,
Свел знакомство с лихими угарами,
И — судьбы прекратилася власть.
Там уже я для пищеварения
Начал пенник стаканами пить
И — представьте мое удивление —
Перестал я скандалы творить.

## БЛЯДЬ

Ветхая избушка.
Нет двора, ворот,
Бедная старушка
В ней сам-друг живет;
У старушки дочка,
Забывая стыд,
Что денек, что ночка,
С парнями лежит;
Не хотелось честно
Хлебец добывать,
Ну, уже известно,
Надо блядовать;
Наш же город бедный,
Где тут богачи?
Здесь за грошик медный
Еть все охочи.
И живет бедняжка
Нынче как вчера:
Ветхая сырмяжка,
На дыре дыра;
Схожая с скелетом,
Вечно держит пост,
Собирая летом
По лесу хворост,
Только лишь зимою
Как бы не пропасть,
И стучит с сумою
К ним в избу напасть:
Наклонясь, избушка
Просится в дрова,
На печи старушка
Чуть лежит жива,

Облегли как море
Этот уголок
И нужда, и горе,
И порок, порок...

## КУЧКА ГОВНА

Ночевала кучка под забором,
Что насрал я с вечера в охоту,
И никто не удостоил взором
Эту кучку: ну, ее, мол, к черту!
Только месяц кроткими лучами
Грел ее, да звезд мигали глазки,
Трепеща немолчными листами,
Ей осина сказывала сказки, —
Да поутру свинка, шедши в поле,
На заре, когда еще все спали,
Забрела на двор — и тут на воле
Съела кучку. Поминай как звали!

## ПЕСНЯ СЕРУНА

Уж кутить так кутить!
Сяду срать, так и быть,
Сяду срать под плетнем,
Позабыв обо всем.
Жизнь сраньем хороша!
Что в мошне ни гроша —
Я хотел наплевать,
Лишь бы легко посрать.
Съев вплотную, всяк рад
Все извергнуть чрез зад:
Там что хочь говори,
А поди посери.
Здесь засел геморрой,
Хоть уж волком завой;
Этот бледный скелет
Уж не срал десять лет,
Съест ли, выпьет ли он —
Ртом извергнет все вон;
Здесь — запор запретит,
Там — изжога томит,
Словом: срать всякий рад,
Но сранье, будто клад,
Подается не всем;
Я ж здоров — и затем
Всем назло богачам
Буду срать по ночам,
Утром, вечером, днем
И, забыв обо всем,
В день, в который умру,
Под себя насеру.

## ГОВНО

*Ода*

Пою не громкие победы,
Не торжество, не славный пир,
Не баснословные обеды,
Не золото — людей кумир;
Я славить не хочу героев
И петь не буду Громобоев —
Все то наскучило давно.
Что мне вельможа или воин?
Предмет иной похвал достоин —
То драгоценное говно!

Забытое, в пренебреженьи,
Гонимое из словарей,
Ругательное выраженье
В беседах между писарей,
Говно любви ничьей не знает,
Как парий в мире пребывает,
Бросает в обмороки дам;
Но философ спокойным взором
Взглянул и указал с укором,
Что и говно полезно нам.

Не раз в гостинице губернской,
Зашедши в нужник, чтоб посрать;
Я думал в атмосфере мерзкой:
Ого, какая благодать!
Да, это не пустое слово:
Давно для химиков не ново,
Что жатва на говне сильней,
Что им удобренное поле,
Неплодородное дотоле,
Даст урожай всегда верней.

Для земледельческих народов
Говно и золото — равны,
Приумножения доходов
Для них с говном сопряжены;
На нем почили их надежды:
И хлеб, и посконь для одежды
Мужик добудет из говна,
Взращенной на говне соломой
Он кормит скот, и кроет домы,
И барынь рядит. Вот те на!

Продукты поля! Где вы ныне?
Где ваш прелестный, милый вид?
То у людей, то у скотины
В желудках гроб вам предстоит;
Оттоле вышедшее снова,
Нив плодородная основа,
Говно появится опять
И снова летом хлебом станет:
Премена эта не престанет,
А будет ввек существовать.

Так о говне предрассуждая,
Смиримся в горести своей,
Его вниманьем награждая,
Распорядимся поумней:
На деньги нужники откупим,
А после с дурней втрое слупим
И превращенным вдруг говном
Надутое накормим чванство,
Его ж в столовое убранство
Мы в виде скатертей внесем.

Хвала, говно! Хвала без лести!
Воняй, дружище, черт возьми!
Презри позор — добьешься чести,
Превознесешься ты вельми!
Себя, конечно, уважая,

И выскочкам не подражая,
Ты и в почете будь скромно!
Какой земной был прочен житель?
Сегодня — хлеб ты, я смотритель,
А завтра? Оба мы говно!..

## ПОНОС

Все в говне да в говне,
Надоела уж мне
Ты, моя беспокойная срака!
Навязался понос,
Видно, черт сам принес
Посреди полуночного мрака.

Не прошел еще час,
Как пятнадцатый раз
Босиком я на двор выбегаю:
Подрищу, подрищу,
На собак посвищу,
Что мне делать, и сам я не знаю.

И уж снова бурлит,
Будто жопу сверлит,
Будто возятся черти в желудке;
Вот пришлось пропадать!
Серишь — хочется срать.
Ну, протянется если на сутки?

С неба смотрит луна,
Ночь тиха, ночь ясна,
Ветер спит и листом не колышет,
А говно подо мной,
Разливаясь волной,
Прямо в нос смрадом варварским пышет.

В третий раз уж петух
Прокричал во весь дух
У меня под навесом сарая,
Все бледней небеса,
И горит полоса
На востоке уже золотая.

И пары вдалеке
Поднялись на реке,
Говор дня пробуждается всюду,
Но и в этой поре
Я серу на дворе
И до вечера, верно, срать буду.

## РЕЦЕПТ

Если кто желает срать,
Должен вот что предпринять:
Аккуратно и без лени
Ты согни свои колени,
Локти ты на них уставь,
Руки же к щекам приставь;
И ручаюсь, что тогда
Будешь срать ты без труда.

## НАПРАСНОЕ УЧАСТИЕ

Я видел ужасные муки:
Черты исказились лица,
Страдалец, опершись на руки,
Похож был на труп мертвеца.

И хриплые звуки нередко
Неслись из отворенных уст,
Забился он, будто наседка,
В сирени развесистый куст.

На ближнего страшные муки
Не могши спокойно взирать,
К нему простираю я руки,
Чтоб помощь в беде оказать;

И только увидел тогда я,
Но все ж с удивленьем узнал:
Была эта мука простая,
Что этот страдалец лишь срал.

## СЕМЕН

*Истинная биография*

При незначащей реке
В нанковом лишь сюртуке
И в набойчатых штанах
Да в юфтовых сапогах
Проживал канцелярист.
Он был на руку нечист,
Взятки преискусно брал,
Капиталец наживал.
А как был он дворянин,
То вломился скоро в чин,
Хоть и глуп был как бревно,
Но ведь это все равно
Для фортуны — та слепа
И не видит ни кляпа.
Дуракам всегда везет,
Им и деньги и почет;
Умным — с бедностью сума,
Лучше жить-то без ума.

Муж сей, именем Семен,
Простотою наделен
От природы быв в башке,
Счастие нашел в мешке,
Что описывал Крылов.
Вот чрез несколько годов
Он на выборы попал
И большой персоной стал.
Как ни был Семен наш глуп,
Но оставил он тулуп.
Даже нанковый сюртук
За полтину сбыл он с рук,
Ибо стал он торговать,
Чем попало промышлять,

Что лишь только под рукой,
Дом имел он за рекой,
Где и вымостил паркэ,
А в именьи при реке
Разводил хлеб, конопель...
И ярлив был как кобель.
Девок, баб в деревне той
В дом вели к нему толпой.
Сластолюбец, истый кот,
Их поставит в хоровод,
Оком масленым следит
И добычу сторожит.
Чуть захочет он поеть,
То описывать не след,
Что, бывало, он творил,
И за это получил
От судьбины злой сюрприз;
Весь его распухнул низ,
В пузыре же мочевом
У него явился ком,
То есть каменный недуг.
Задушил своих он слуг
Вонью, сцавши кажду ночь.
Стала наконец невмочь
Эта мерзость и ему,
Потому что кутерьму,
С ним дней пять сопряжена,
Подняла его жена.
Едет он во град Москву,
Затаив в душе тоску,
Предвкушая смертный час,
Как возмездие проказ.
Но у этого скота
И здоровие кота,
Хоть его ты с крыши сбрось,
Не убъется он, не бойсь.
Там альфонский анатом
Камень вырезал ножом:

Хоть чрез хуй выходит кал,
А мочиться жопой стал,
Но такой переворот
Вскоре стал наоборот.
Возвратившись здрав, как скот,
Он с женой прожил лишь год
(Вероятно, заебал),
Сам же вот как жить начал:
Деньги для него кумир,
Голодай там целый мир,
Жадный к деньгам торговец
Настоящий тут подлец;
Но, вломившись в спесь и в знать,
Как он станет торговать?
Наши русские купцы
По торговле — шельмецы,
Будь лишь денежки в руках,
То торгуют — просто страх.
Падкость русского к займам
Он давно заметил сам
И, как будто бы еврей,
Многих соблазнил людей.
Ссыпка хлеба, конопли
В житницы его текли,
Торговал он и скотом,
Салом, дегтем, полотном,
Делал клепку, медь скупал,
Ничего не пропускал.
И, как некий злобный дух
Иль паук несчастных мух,
Оплетал агентов он,
В интерес свой погружен.
Одному ему барыш,
А товарищам — все шиш.
И по пальцам можно счесть,
Сколько в городе том есть,
Что с рыданием домой
От него пошли с сумой.

Был еще один простак:
Удержаться он никак
В картах сроду не умел,
Потому и прогорел;
Полновесный капитал
Простака Семенов стал.
В доме, где Семен наш жил,
Рогоносцем сотворил
Он хозяина, потом
Приобрел его он дом.
И Семен одет как лев,
Дом изящен, прежний хлев,
Где с свиньями вырос он,
Из ума уж вышел вон.
Но кого ж теперь ебет
Этот нравственный урод?
Прежний юности предмет,
У которого хребет
Изогнулся, как дуга,
Вся суха, как кочерга,
Экономка — иногда,
Как стоит его елда,
Услаждает старика,
Ревновать же далека,
А посводничать не прочь
Из корысти; вся точь-в-точь
Жаждет денег, как сей пес:
Пару эту дьявол снес.
Молода, стройна, мила
(С мужем года три жила),
Экономки той родня
Черного дождалась дня:
Полонил ее гамен.
Сколько ныне перемен
В этой вдовушке? Она
Злой чахоткой сражена.
О, ужасный, мерзкий вид!
Старец с младостью лежит

И морщинистой рукой
Губит он пизды покой.
Млеет бедная, а он,
Страстью мало возбужден,
Поелозит по краям
И велит идти к хуям.
Ах ты, мать твою ети!
Где же тех хуев найти?
Не любовь же и не страсть
Ту вдову ввели в напасть,
Бедность, бедность! Вот в чем толк:
Значит, бедность есть порок.
Ты же, старый лиходей,
Ловишь бедных все людей,
Будто оный древний бес.
Вклады делаешь, как Крез,
Печи строишь в храмах ты,
Банк открыл, но срамоты
Ты душевной не омыл;
Умысел другой тут был.
Гордость: я-де из говна
Как поднялся! Вот те на!
Эка штука! А зачем
Вычитаешь между тем
У заемщиков долги
И хоть грош, на сапоги,
Злой накладываешь рост?
Нет, ты в хитростях не прост!
А ебня все на уме
И ярлив по старине.
Раз он вечером сидит,
Сиплым голосом кричит
Экономке: «Быть беде!
Посмотрите, как муде
Сильно сморщились мои.
Что ж мне? — в дальние края?
Иль поехать в Киев-град,
Там есть доктор Амурат», —

Так невежа искажал
Имя доктора. Сказал —
И яга муде вертит
Между пальцев: странный вид!
«Близорука я, патрон».
«Так за братом шлите — он
Знатоком в сем деле слыл:
Вишь, детей нагородил!»
Собирается совет;
Не избыть гамену бед:
Родственник его Орлов
Предложил без дальних слов
Из сукна мешочек сшить
И муде туда вложить, —
Посыпая их золой,
Чтоб недуг исчезнул злой.
Только хуже все пошло.
Правда, яйца как стекло
Стали вовсе без морщин,
Как собачьи, — у мужчин
Я не видывал таких:
Вот какой случился стих.
«Ну, так еду в Киев-град,
Там поможет Амурат.
Чтоб в дороге не скучать,
Можно захватить и блядь;
И обеих: ведь вдову
Уебет тут наяву
Переезжий всякий сброд...»
И он двинулся в поход;
А воротится назад —
Продолжать рассказ я рад.

## УТРО

На востоке блистает денница
И рубинами небо горит;
Чистит носик на дереве птица
И навстречу заре полетит.

Над рекою клубятся туманы,
Убегает до вечера тень,
Упадает роса на поляны,
Их осушит блистательный день.

По заре так для уха все чутко,
Различит слух внимательный мой:
В камышах встрепенется ли утка,
Заплескает ли рыба струей.

Через речку из рощи душистой
Переносится трель соловьев:
Там, над гнездушком, в чаще тенистой,
Им поется звончей про любовь.

Но не долго в тиши молчаливой
Эти звуки я буду ловить;
Суетой человек горделивый
Постарается их заглушить.

Над рекою все выше и выше
Улетают пары в небеса,
Соловьиные песни все тише
Испаряются, будто роса.

Появился рыбак над рекой,
Пастуха раздается рожок,
И ленивой и важной стопою
Выступают стада на лужок.

А на самом краю небосвода
Встало солнце в венце из лучей,
Ото сна пробудилась природа;
Огласили вот гуси ручей,

Уж давно петухи в перекличку
По деревне кричат там и сям,
Утро манит веселую птичку
Унестись к голубым небесам...

А вблизи под плетнем у соседа
Баба серет, задравши подол.
Хоть завидно, но ближе обеда
Я в то утро посрать не пошел.

## ЖОПА

Жопа — барыня большая,
Жопа — птица не простая,
Жопа — шельма, жопа — блядь,
Жопа любит щеголять!
Жопу рядит вся Европа,
В кринолинах ходит жопа,
Жопой барыни вертят,
Жопы дуются, пыхтят,
Жопа чванится не в меру,
Приближаясь к кавалеру,
Нужно жопу почитать
И не сметь руками брать —
Впрочем, это и не диво,
Жопа слишком щекотлива,
Много смыслу в жопе есть,
Жопе — слава, жопе — честь,
Жопе дал почет обычай,
Вовсе б не было приличий,
Обратились мы в ничто б,
Если б вдруг не стало жоп!

## БЗДУН

*Баллада*

Тихонько слуга перед барином бздел:
Он тайную злобу к владельцу имел.
Владелец все нюхал и долго молчал:
Он свинство в лакее своем изучал.
Объявлена воля, разверстан надел,
И бздун в своем доме как собственник сел.
Сильна в нем привычка: он бздит и теперь,
И вонь пробралась за дубовую дверь,
Воняет и в сенях, смердит на дворе,
Особенно едко слышна на заре.
Изба вся протухла, промозгла вся бздом;
В овин он заходит — и бзднул пред огнем:
Гремучие газы вдруг пламень объял —
И с треском ужасным бздуна разорвал.
Наутро в овин заглянула жена
И вскрикнула, страшной тоской сражена:
Там был лишь один обгорелый скелет,
Чернелися кости, а мужа уж нет.
Овин тот заброшен; исполнился год —
И стал непокоен крещеный народ.
Раз мимо овина два шли мужика
Осеннею ночью домой с кабака —
И видели ясно, как бздун тот летал
Над этим овином и сильно вонял;
Да слышала баба (конечно, не ложь)
В овине с полуночи страшный пердеж;
Пердеж тот был слышен вплоть до петухов.
С тех пор тень пугает в селе мужиков.
В ночи над овином прокатится гром,
Откликнется эхо, все смолкнет потом —
И вздрогнет мужик на печи близь жены,
И грезит тяжелые, страшные сны,
Со страху пердит он всю ночь напролет
И днем в тот овин ни за что не пойдет.

## ЕБАКА

Раздвигай-ка ляжки,
На простор манду,
Расстягнув подтяжки,
Еть тебя пойду!
Или дай-ка сзади,
Раком становись,
Будешь не внакладе,
Только берегись!
Раз... два... три... и смело
Приступил я к ней,
Всунул тело в тело
Плотно, до мудей;
Девка только, плёха,
Подпустила бзда,
Да еще немного
Хлюпает пизда;
А хуище грудый,
Просто чудеса,
Внутрь впирает губы,
Даже волоса.
Соку подпустила,
Разбирает, знать,
Пеной взбилось мыло...
Эх, люблю ебать!
Оком любострастным
Наблюдать притом,
Как в пизде несчастной
Ходит хуй колом.
Приступ истеченья
Чувством я слежу,
Больше наслажденья,
Если погожу.
С расстановкой суя,
Вдруг я захрапел,

Напряженье хуя
Перешло предел.
Больше нет терпенья,
Зачастил опять...
Жалкое творенье
И пизда и блядь!
Раз последний двинул,
Уж невмоготу,
И повисший вынул
Хуй свой, весь в поту...

# В САДУ

*Новелла*

Я сбоку жил пономаря.
Однажды утром, чуть заря,
Надевши туфли и халат,
Я вышел в свой тенистый сад.
Цвели черемуха, сирень,
Зашел я в их густую сень,
И с них, как чистая слеза,
Дождила на меня роса.
А в стороне, в тени ветвей,
Свистал и щелкал соловей.
Блеснуло солнце из-за туч,
И царь земли, велик, могуч,
Торжественно над миром всплыл,
Верхи дерев озолотил, —
От них далеко пала тень,
А я укрылся под плетень,
Служил который межняком
Меж мною и между дьячком.
К нему я сквозь плетень глядел
(В руках я тросточку имел
И ею пред собой копал,
Сидел и с расстановкой срал):
Капуста там посажена,
Торчал кочан от кочана
Почти что на один аршин,
И опрокинутый кувшин
Меж ними тряпкою накрыт.
Известный деревенский вид!
Как вдруг я слышу скрип ворот.
Вошла соседка в огород —
Она своею красотой
В округе славилася той,

Бела, румяна и полна,
И грудь вздымалась, как волна.
Меня не видя в бурьяне,
Она приблизилась ко мне,
Подол задравши до спины,
Под тенью села бузины
Отдать и свой природе долг.
И кто ж бы вытерпеть тут мог?
А я ведь тоже не святой,
Я, ослепленный красотой,
Которую сейчас узрел,
И двух минут не утерпел,
Просунул тросточку — и вдруг
Ее в какой-то черный круг
Толкнул... О, незабвенный вид!
Как схватится, как побежит
Моя соседка от плетня,
Не оглянувшись на меня.
И страх такой я ей навел —
Забыла опустить подол
И без разбору по грядам
Бежать пустилась к воротам.
А я от хохота не мог
Дрожавших порасправить ног,
И оглянуться не успел,
В свое говно так жопой сел,
Как бы в возмездие проказ...
И тем окончу свой рассказ.

## ДРАКА

На базаре у нас
Приключилася раз
Драка.
У торговки одной
Распердись под пиздой
Срака.

Странно схож был тот звук
Кобелей или сук
С брехом —
И селедочный дух
Разлетелся вокруг
С бздехом.

Вонь достигнула вмиг
До купцов городских
Лавок,
До гостиных рядов,
До бараков и до
Ставок,

Где стоят пекари
От зари до зари
С хлебом,
Где клянутся купцы
В день сто раз, подлецы,
Небом.

И до мест даже тех,
Где стегали при всех
Плеткой,
Где звонит пономарь,
Где торгует шинкарь
Водкой.

Тут в уездном суде
Вспомнил вдруг о манде
Всякой.
И кобель, что бежал
Мимо, тут замахал
Сракой.

Но однако же, бздех
Вонь сельдей превозмог
Вскоре,
Всем он бросился в нос,
И тогда началось
Горе.

Полно уж торговать.
«Разъеби твою мать!» —
Слышно.
И ватага купцов,
На подбор молодцов,
Вышла.

Впереди всех боец
Был Купрюшка, купец
Бравый;
Рукава засучил
И в словах не щадил
Нравы.

Он к торговкам летит,
И кричит, и разит
Сзади:
«Мать хочу вашу еть!
Кто тут смеет пердеть,
Бляди?»

Угодит кого в лоб,
То и «мать твою еб!»
Скажет;

«Триста тысяч хуев!» —
И кого-нибудь вновь
Смажет.

А за ним промеж баб
Вдруг ворвался арап
Евский,
И какой-то один
Прибежал мещанин
Севский.

Был там Беликов хват
И цыган-конокрад
Трошка,
И проезжий был жид
По прозванью Хамид
Мошка.

Страшный визг там идет,
Где Купрюшки мелькнет
Шапка,
Всех же больше визжит,
Что в ушах дребезжит,
Гапка.

Шевелюра горой
И — Мегеры второй
Номер,
На Купрюшку летит,
Тот бледнеет, дрожит,
Обмер.

Уцепилась она,
Будто сам сатана,
В рыло,
И, вися на носу,
Как волчица в лесу,
Выла.

Поражен был всех слух
Тут на площади вдруг
Треском,
И пердела она,
И отмщеньем полна
Зверским —

В руку серет — и вот
Неприятелю в рот
Тиснет,
А кто в помощь ему
Подойдет — и тому
Дриснет.

Разбежался народ,
Тишина настает
Снова...
Я сажусь за бюро
И выводит перо
Слово:

Как случилася раз
На базаре у нас
Драка,
Как у бабы одной
Залп дала под пиздой
Срака.

## РАЗГОВОР ХУЯ С САПОГОМ

*Басня*

— Что это за житье? Терпенья, право, нет!
До самой старости от юношеских лет
Мне и покоя нет, не только что почета.
Тут к жизни пропадет малейшая охота,
Свет опротивеет... Вот хую так житье!
Что ни суббота, он с мудами на мытье
Везется барином в натопленную баню,
Что ночь — ему ведут то Настеньку, то Таню,
То Машу иль еще кого-нибудь из баб,
Чтоб, вышед из штанов, счастливчик не озяб.
А я? Настанет день, вдруг явится лакей
                    И грубою рукой своей
Меня и брата он тут за уши ухватит,
В переднюю снесет, а там об лавку хватит.
Рукой нечистою, чесавшею елду,
Вновь схватит он меня, на горе, на беду,
И, будто бы палач, засадит мигом в глотку
До внутренностей мне дубовую колодку;
Какой-то жидкости достанет в черепке,
Чернее сатаны, и с щеткою в руке
Той жидкостью лицо измажет, сукин сын,
Другой же щеткою, исполненной щетин,
Как будто на еже, он примется потом
Досуха вытирать, хоть пот с него ручьем
Течет, а он все трет, поплевывая в рыло,
Чтобы как зеркало блистало и светило,
И в спальню к барину за уши отнесет.
Другой мучитель мой тот барин: лишь встает,
С пренебрежением в нас с братом ноги всадит
                    И так злохитростно приладит,
Что целый день никак не думай соскочить,
И примется он в нас, ебена мать, ходить:

По грязи, нужникам, по мостовой, по пыли,
Топочет, шаркает, едва хватает силы.
Случалося не раз — ночь целую нас возит
Он в танцах по паркэ, всю грудь так изъелозит,
Что рад бы как-нибудь, лишь только отдохнуть,
Да не удастся, знать, и чуточку уснуть.
Вот и теперь лежу, с ног сброшенный, избитый,
Нет и постели мне, а хуй спит как убитый, —
Под стулом лежа, так сапог раз говорил.
— Эх ты, ебена мать! — ему хуй возразил. —
Тебе ли не житье? Завидует он хую!
Да если я тебе порядком растолкую,
Как жизнь я провожу — наверное, вперед
Тому завидовать, как бедный хуй живет,
Не станешь. — Расскажи, желал бы очень я
Узнать, чья жизнь сносней — твоя или моя.
— Ну, слушай! Только день покажется в окно,
Засадят тут меня в претолстое сукно,
По-ихнему, штаны, и трусь я там безмерно,
А если барину захочется, примерно,
Проехаться верхом — тогда совсем беда!
От тренья и толчков нет умолку тогда,
Со всех сторон прижат, с мудями вместе преешь,
Набрякнешь весь, как кол, как рак весь
                                    покраснеешь,
А пульс как молотом, вот так и бьет в виски,
А тут тебя штаны сжимают как тиски.
И без езды весь день не малая работа.
Придет ли барину ебливая охота
При встрече с женщиной: опять меня толкать
И кровью голову мою переполнять
Начнет намеренно, и хоть поеть не чает,
А то и знай меня в штанах своих качает.
Ну, день прошел кой-как! тут лег бы да уснул,
Согласен бы залезть к тебе под бок под стул,
Чтоб только подышать вечернею прохладой,
Но барин рассудил, что отдыхать не надо.
И всадит он меня в вонючую манду,
Там мокро как в реке и жарко как в аду,

И станет там совать меня он до угару;
От вони, мокроты, от勤勤勤勤勤勤 сованья, от жару
Измучишься совсем и места не найдешь
И даже наконец не сдержишь — и сблюешь
Да этак иногда бывает в ночь раз пять,
Случается и днем, и сонному блевать —
                         Затем, что иногда
Мерещится во сне вонючая пизда.
Вот жизнь-то какова! А ты хоть ночь на воле.
Так не завидуй же моей несчастной доле!

Нравоучением таким вся басенка полна:
Чужая никому болячка не больна.

## ОБОСРАННЫЕ ПОДШТАННИКИ

*Аполог*

Однажды поутру я срать пошел к сараю
И вздумал: пердну позвончей,
Надулся — и белье в минуту обсераю.
Кто это испытал — тот сделался умней.

## ВЕСНА

Нахмурилось небо, туманом одеты
Леса — и от теплых сторон
Повеял, не северным солнцем согретый,
Предвестник весны — Аквилон.

Летит; под могучим его дуновеньем
Бледнеют и тают снега,
И шумных потоков повсюдным стремленьем
Исполнились рек берега.

И вижу я: кучки говна под сараем
Оделися льдистой корой,
Так сахаром фрукты мы впрок обливаем,
Чтоб нежить вкус зимней порой.

Под крышами кошки концерт свой проклятый
Дают уж всю ночь напролет;
И страстью ебливой природа объята,
И щепка на щепку ползет.

Но ветер свои умеряет порывы,
И ясно с лазурных небес
Весеннее солнце глядит на разливы,
На долы, на горы, на лес.

Сокрытая долго под снежным покровом,
Умывшись, явилась земля;
В убранстве опять зеленеются новом,
Как в бархате пышном, поля.

Тепло — и в лесу расцветает фиалка
И сладостный льет аромат;
И вывела в трубах проказница галка
Крикливых своих галчинят.

Уже монотонно кукует кукушка,
А роза раскрыла шипок;
Нестройно в болоте щекочет лягушка,
И в листья оделся лесок.

Любовники роз соловьи прилетели,
И звучно по ясным ночам
В садах раздаются их чудные трели;
Деревья цветут по лесам.

И тут-то раздолье — сери, где попало,
Уж вони совсем не слыхать...
Ах! скоро ли я засеру, как бывало,
Там в лесе зеленом опять?

## КИРГИЗСКАЯ ЛЕГЕНДА

Ветер стих, не шумит,
Конь по степи бежит,
Высоко воздымая ковыль.
А на небе нет туч,
Воздух сух и гремуч...
Расскажу я вам, батыри, быль.

Над Уралом-рекой
Жил киргиз разлихой,
Он носил светло-синий чапан;
Жил он долго без бед,
Чуть не семьдесят лет,
Санай-батыря был он чабан.

Жил — и горя не знал,
Много ел, круто срал,
Стадо пас и был весел всегда;
Жил так долго кайсак,
Был он храбр как казак,
Но вдруг с ним приключилась беда.

Стал чабан примечать,
Кто-то начал таскать
По ночам понемногу овец.
Долго думал, гадал,
Долго думать устал,
Видно, туп был умом молодец.

Вот к шаману идет
И барана несет
Для подарка, ему говоря:
— О почтенный шаман,
Всех чертей атаман,
Помоги! Что ни день, ни заря —

В стаде нашем овец
Крадет что за наглец,
Отгадай и, что делать, скажи.
— Хорошо, Сакалбай!
Ну, барана подай,
Руку правую мне покажи!

Так шаман отвечал.
Сакалбай руку дал,
Посмотрел тот, тряхнул головой:
— Плохо, друг, но не бойся!
Страх напрасный отбрось,
Ты ж, кажися, не робок душой.

То сказав, он идет,
Двое бубнов берет
Да волшебный свой жезл костяной;
Рукава засучил,
В бубен хуем забил,
То одной, то другою рукой.

— Ну-ка, хуй надрочи
И по юрте скачи
Ты за мною теперь, Сакалбай,
В бубен бей елдаком,
Я уж с этим знаком,
Ну, так ты лишь за мной примечай!

И, сказавши, жезлом
Повернул он кругом
И пустился по юрте скакать.
Сакалбай не отстал,
Хуй его уже встал,
И он начал ему подражать.

Гром от бубнов гудит,
Сизый сокол летит,
Черный беркут взвился в облака...

А шаман в бубен бьет,
Заклинанья поет,
Голос шумен его, как река.

Долго так он скакал,
Сакалбай уж устал,
Пот с него уже градом течет;
Стонет бедный чабан;
Наконец и шаман
Постепенно и сам устает.

Его голос дрожит,
Семя с хуя бежит...
И внезапно он пал на косьму.
Сакалбай обомлел
И за ним полетел,
Не внимая уже ничему.

Наконец встал шаман,
Грязный весь как кабан.
— Ну, внимай же теперь, Сакалбай:
Отправляйся домой
И порою ночной
Ты за стадом своим примечай.

Ночи три ты гляди,
Никуда не ходи
И не спи, лишь овец береги;
А увидишь кого,
То хватай вмиг его,
Скинув прежде свои сапоги.

Тот отвесил поклон
И пошел тотчас вон;
Ночью он уж меж стадом лежал,
Нюхал важно табак
И, сморкаясь в кулак,
Осторожно кругом примечал.

В небе утро горит,
Но чабан наш храпит;
Он спокойно на страже заснул,
Просыпается — день,
Ночи скрылася тень —
Семь овец кто-то уж подтянул.


Покачал головой
Наш киргиз: «Ой, ой, ой!
Вишь, как дернул назло колдуну!
Да и я же — дурак!
И зачем было так
Пред рассветом предаться мне сну?»


Вот другая уж ночь:
Чтобы сон превозмочь,
Набивает он нос табаком;
Но не долго он бдел,
Через час захрапел
И до утра окован был сном.


Просыпается — свет;
Десяти уже нет.
Кто же шутит с таким молодцом?
Днем он шило достал,
И лишь ночь, он лежал.
В жопу шило заправив концом.


Вот лежит так всю ночь.
Скоро тень уже прочь
Убежит — но все тихо кругом.
Стадо все мирно спит,
Ветер в поле молчит,
Не играя с зыбучим песком.


Вдруг... внимает чабан:
Будто дальний буран
Свою песню заводит вдали;

Вот глухой слышен скок,
Мчится полем ездок,
Он, как в облаке, был весь в пыли.

Прямо к стаду летит;
Страшен был его вид,
От него все кругом как в огне;
Строен был его стан...
То был главный шайтан,
И сидел он на черном коне.

Конь под ним без узды,
А во лбу две звезды
(Жеребца то горели глаза),
Хвост трубою висит,
Он несется, храпит,
Из ноздрей дым идет в небеса.

Вот ездок подскакал
Вмиг аркан размотал...
Три барана уж были на нем.
Сакалбай, как не спал,
Это все увидал
И подумал: «Добро! подождем!»

Вот аркан вновь летит,
Сакалбай все следит,
За петлю он схватился рукой.
Дернул черт за аркан —
И пред ним вдруг чабан...
Растерявшись, черт стал сам не свой.

Сакалбай был не прост:
Прямо вора за хвост
Ухватил — и с коня потянул,
Тот ужасно взревел,
Запыхтел, запердел —
И с киргизом под небо махнул.

Носит он его с час.
Уж пятнадцатый раз
Облетел он всю землю вокруг.
Наконец он устал,
Обернувшись, сказал
Сакалбаю: — Послушай, мой друг!

Не устану я ввек,
Ты же ведь человек,
Ты и есть ведь захочешь, и пить;
Так смотри, берегись,
Полетишь скоро вниз,
Не хочу я тебя погубить.

Так вступлю в договор...
— Замолчи, подлый вор!
Не хочу я с тобой тратить слов.
Поезжай, не боюсь,
Я ведь крепко держусь,
Целый век я летать так готов.

Бедный черт замолчал
И быстрее помчал,
И крутясь, и вертясь, как буран.
Сакалбай не робел,
Хвост держать он умел.
Вот опять ему молвил шайтан:

— Батырь! все, что ты хочь,
Дать тебе я не прочь,
Лишь хвоста моего не держи.
Что же, да или нет?
Мой любезный сосед,
Слово лишь ты одно мне скажи!

— Да! — сказал Сакалбай. —
Ты мне тотчас же дай
Сто верблюдов и триста коней,

Десять тысяч овец...
Да смотри, молодец,
Это выполнить мигом сумей!

— Все я дам! — рек шайтан
И тотчас, как буран
Закружившись, на землю летит;
Крикнул — сотни чертей
Из далеких степей

Быстро мчатся; чабан лишь глядит.
Черт приказ отдает,
Поле дико ревет —
И вся степь занялася скотом.
— На, возьми, Сакалбай!
И меня вспоминай!

Ну, теперь же расстанься с хвостом!
— Хорошо, — рек чабан. —
Ты исправный шайтан,
Не воруй же вперед... не люблю!
А не то, в другой раз
Как натворишь проказ,
Не задумавшись хуй отрублю!

Ветер стих, не шумит;
Конь по степи бежит,
Высоко воздымая ковыль;
А на небе нет туч,
Воздух сух и гремуч...
Рассказал я вам, батыри, быль.

## ПЕСНЯ

Что ты бздишь, мужичок,
Лежа все на печи,
Хоть теперь и зима, —
Выдь на двор, подрищи!

Ведь от разных скотов
Хлевом стала изба,
Дети бздят наповал,
Прорвало и тебя!

Вонь такая всегда,
Что нигде не найти,
От говна и от сцак
Нету места пройти.

Здесь капуста с водой
Приготовлена впрок,
Бздехом душит она,
Так не бзди ж, мужичок.

Вон Иванька-сынок
В квас потрафил насрать
Но сцедить решетом
Ты прикрикнул на мать.

Ангел он, говоришь,
Ах ты, дурь-борода!
Да ведь ангелы срать
Не могут никогда.

Я пойду до попа,
До земли поклонюсь,
Чтоб тебя поучил,
Со слезами взмолюсь.

Только я заглянул
Лишь в попово жилье,
Обмануло меня
Ожиданье мое.

Та же вонь, та же грязь,
Лишь изба просторней,
Да побольше телят,
Птиц, овец и свиней.

Видно, русский мужик
Век с скотами изжил,
Так уж к вони привык
И попов приучил,

Что и в церковь зайдешь,
Хоть и ладан там жгут,
Пробираясь в толпе,
Вонь услышишь и тут.

Вонь повсюду ползет,
Как с плохого куля,
Все проникла она:
Пробралась на поля

И посевам хлебов
Пригодилася впрок,
Любо глянуть вокруг,
Ну так бзди ж, мужичок!

Труд не страшен тебе,
Добывай серебра!..
Правду мир говорит:
Худа нет без добра!..

## СКАНДИНАВСКАЯ САГА

Раз на вершине горы поднебесныя
Асы собрались толпой
В пышной Валгале и речи чудесные
Дружно вели меж собой.

— Много нас, мощных людей повелителей,
Сделаем праздничный пир.
Всех созовем мы бесстрашных воителей,
Всех, населяющих мир, —

Молвил Один шлемоблещущий, взорами
Всех окидая богов. —
И ведь не все ж заниматься нам спорами.
Что же, друзья? — Я готов! —

Молвил держащий перун сокрушительный
Тор-громовержец в ответ. —
Сделаем пир мы людям упоительный,
То есть напоим весь свет!

— Все мы согласны! — так боги воскликнули.
— Ладно, — промолвил Один.
Тотчас Валгала приспешников кликнули;
К ним так взывал властелин:

— Слуги! внимайте приказу властителя:
Пир приготовить тотчас,
Пир для людей, от раба до воителя!
Вот повеление Ас.

Всем чтоб довольно было приготовлено.
Слушать приказа богов!
Меду б наварено; рыбы наловлено
Вдоволь... Ступайте без слов!

Рек и, рукой поведя повелительно,
Взоры от них отвратил.
С слугами долго болтать унизительно —
Этого он не любил.

Но меж слугами заметно смятение,
Шопот невнятный шумит:
— Рады б исполнить Одина веление,
Но... — Тут один говорит:

— Где нам сосудов достать совместительных?
— Нет у нас разве котлов? —
Молвил Один — и в очах повелительных
Гнев уж был вспыхнуть готов.

— Есть, повелитель, но все бы ничтожными
Были для пиршества Ас.
Ты не сочти уж слова мои ложными.
Есть один, правда, где квас.

Делали прежде, но он весь решительно
Ржою изъеден, в дырах
И ни к хуям не годится... — Презрительно
Один взглянул — и в очах

Вспыхнул огонь. — Раб презренный! как вздорами
Смеешь ты Ас занимать? —
Крикнул он грозно, сверкаючи взорами. —
Распереёб твою мать!

Боги! кто знает из вас, где б посудину
К этому пиру добыть?
Чтобы было наварить в чем нам студеню,
Чтобы гостей угостить?

Локи звенящим как золото голосом
Рек так Одину в ответ:
— Фреи супруг, пред которого волосом
Глуп и ничтожен весь свет!

Знаю огромный котел я; находится
Где, тож могу указать;
Но уж достать нам его не приходится,
Должен и то я сказать...

— Как? — тут воскликнул Один и могучею
Топнул ногою; земля
Вздрогнула страшно, поднялась пыль тучею,
Скрывши луга и поля.

— Так! — отвечает тут Локи язвительно. —
Он у гиганта в дому,
И не советую, Асы, решительно
С ним ратовать никому.

— Что? — Тор воскликнул, сверкая перунами. —
Силу забыл ты мою?
Ты, друг любезный, не с девами юными,
А меж богов, что в бою,

Клясться готов Все-Отцем, с исполинами
Будут иметь перевес.
Только с такими, как ты, брат, скотинами
Власть не страшна им небес.

Тотчас иду! Кто со мною отправится?
Асы! кто хочет со мной?
Сила пусть к силе еще поприбавится...
— Тор, я иду за тобой! —

Тюр восклицает, в борьбе превышающий
Смертных и даже богов. —
Слух опровергнуть готов унижающий,
Локи коварного ков.

— Ну, расскажи, отыскать <как> властителя
Этой посудины нам?
Пусть испытает громов повелителя
Руку, что кара врагам!

— Одина сын! — ему Локи ответствует. —
Есть там на юге страна,
Вечный огонь где Суртура свирепствует,
Солнце не знает где сна, —

Там обитает Визил сокрушительный,
Мощь его знает весь свет,
И у него тот котел удивительный,
Больше которого нет!

— Ну, хорошо. — И с борцом отправляется
Тор к властелину котла.
Вечер — и солнце за горы скрывается,
Ночь над землею взошла.

Мантией звездной сверкая над долами,
Взявши в десницу луну,
Мирно покров распахнула над селами,
Тварь побуждая ко сну.

Путники наши спешат, не оглянутся;
Начал восток золотеть;
Скоро со сном уже люди расстанутся;
Птицы уж начали петь.

Видит вдали Тор пещеру великую,
К Тюру так речь обратил:
— Видишь ли массу гранита ты дикую?
Должен быть там наш Визил!

Грозной грядой воздымается каменный
Перед богами хребет;
Свищет пожар наверху бурнопламенный
Многое множество лет.

А у подошвы в ущелье извилистом,
Где ни темно, ни светло,
Там вдалеке, на откосе отрывистом,
Видно пещеры жерло.

Боги в раздумьи стоят молчаливые,
Но уж отваги порыв
Взоры заставил блистать горделивые
И — перед ними обрыв.

— Что же? войдем мы в пещеру глубокую? —
Тор восклицает. — Идем!
Выдержать битву, быть может, жестокую
Нам доведется вдвоем.

Рек и, подняв булаву тяжковесную,
Над головою взмахнул.
Бросился быстро в пещеру безвестную
И в темноте потонул.

Долго они по проходам незнаемым
С Тюром блуждали во тьме.
Смутно сраженьем, давно ожидаемым,
Всяк занимался в уме.

Вот наконец очи их поражаются
Светом, блеснувшим вдали,
Быстро и храбро они приближаются...
Пламя идет из земли —

Грозно оно к потолку подымается,
То языком, то струей,
И перед пламенем тем изгибается
Старая корча дугой.

И перед нею, в огне нагреваяся,
Медный поставлен котел,
Облаком пар из него вырываяся,
Быстро клубами вверх шел.

Тор, удивленный тем странным явлением,
Ласково бабе вещал:
— Диким прельщаяся уединением,
Кто здесь обитель избрал?

Быстро старуха к нему обратилася,
Взор сожаленьем блестит,
В пояс обоим она поклонилася
И наконец говорит:

— Жаль мне вас, странники, в этой обители
Днесь предстоящими зреть;
Многие пали уже здесь воители,
Вам суждено умереть:

Здесь обитает Визил сокрушительный,
Страшный противник богов;
Страшен он силой своей удивительной,
Нет для которой оков.

— Кстати! — ответил ей Тор улыбаяся. —
Знать, он мне враг по плечу;
И потому я его, не пугаяся,
Здесь дожидаться хочу.

— Кто же, — вскричала старуха смущенная, —
Ты, неизвестный герой?
Ты ль не боишься того, что вселенная
Ас называет грозой?

— Пусть он могуч своей силой громадною,
Нет для которой оков,
Но запоет песню он не отрадную
Пред властелином громов.

— Тор! — в изумлении вскрикнула старая, —
Ты ли к супругу притек?
Ты ли постигнешь его своей карою?..
Тор ее быстро пресек:

— Тише! я слышу дыхание сильное,
Знать, великан твой идет;
Крови прольются потоки обильные,
Боем пещера взревет.

Рек и, надев рукавицы с насечкою,
Гордо вокруг он взглянул,
Молот поднял на плечо и пред печкою
Стал. Вдруг послышался гул.

Ближе и ближе он к ним приближается,
Страшно пещера гудит;
С Тюром Визила бог Тор дожидается
И — наконец его зрит.

Страшно рыгая, громада огромная
Тяжко к котлу подошла
И, как рычаг иль машина подъемная,
Легко котел подняла.

К пасти огромной края приближаются,
Страшный уж зев растворен;
Боги безмолвно глядят, удивляются...
Вдруг раздался страшный звон.

К низу котел упадает стремительно:
Ас увидав, великан,
Что ему думать, не знает решительно,
Молча стоит как болван.

— Асы? Ужель? — он вскричал в изумлении. —
Вы за какой здесь нуждой?
Али забыли, как древле в сражении
Вас я разил булавой?

— Имера сын! — Тор ответил презрительно. —
Ты, брат, забывчив порой!
Что ж не сказал, кто в борьбе удивительной
Поле имел за собой?

Лучше покончить вражду нам давнишнюю
Миром. Совету внимай:
Нам на неделю посудину лишнюю
К пиру великому дай.

Слышали мы: у тебя удивительный
Есть преогромный котел...
Что же? Ответ ты давай нам решительный, —
Речь громовержец так вел.

— Ладно! — промолвил гигант улыбаяся. —
Но любопытен я знать,
Кто-то из нас обоих, наедаяся,
Сможет побольше сожрать.

Есть у меня семь быков здесь упитанных —
Тюр их пускай всех убьет,
И пусть на опыте будет испытано,
Кто из нас больше сожрет.

Сказано — сделано. Сели отважные,
Бой между ними кипит:
Молча глотают куски они влажные,
Лишь за ушами трещит.

Против соперника страшно топорщится
Мощный гигант, но куда?!
Ест громовержец быков и не морщится,
Съел он троих без труда.

Бедный Визил уж не ест, а лишь давится,
Есть уже стало невмочь,
И, не желая едою бесславиться,
Стол отдвигает он прочь.

— Экая важность! С неделю, наверное,
Ты, друг любезный, не ел,
Я же количество столь непомерное
Только поутру поел.

Дай-ка потешимся в море спокойною
Ловлею рыб: кто из нас
Вытянет большую рыбу, достойную
Лучшего пиршества Ас?

— Ладно! — Идут. На удах колыхаются
Два преогромных вола;
Сели противники, в ловлю пускаются.
Зыбь поднялась и легла.

Вдруг взбунтовалось пространство бездонное
Вкруг великана уды:
Тянет он к берегу чудо огромное,
Рыбу-кита из воды.

— Что, громовержец? — он молвил с усмешкою. —
Большую рыбу поймай!
— Ладно! — Тор молвил и тут же не мешкая
(Берега дрогнул весь край)

Змея Мидгарского, чудище лютое,
Страшного вытянул он;
В уду вцепилася челюсть сомкнутая,
Виден зубов легион.

Быстро подняв булаву тяжковесную,
Змея он в лоб поразил:
Тот застонал и лесу бесполезную
Будто как нить раскусил.

— Вижу, ты счастлив; сдержу обещание:
Можешь котел получить.
— Ладно! Дай руку теперь на прощание, —
Ласково Тор говорит.

Рек и, поднявши котел, на могучую
Голову быстро надел;
Быстро покинул пещеру дремучую,
С Тюром назад полетел.

Стал удивленный гигант наш как вкопанный,
Руки подняв к небесам:
— Просто теперь я совсем как отшлепанный!
Как? Я свидетель был сам

Силы могучей своей посрамления!
Как? Тот котел, что и мной
Был поднимаем не без затруднения,
Он удержал головой!

Нет, я помчусь, отниму!.. Я в сражении
Силен, то знает весь свет! —
И, заревевши, гигант в исступлении
Быстро пустился вослед.

Уж достигает богов — и могучею
Дланью котел ухватил.
Брови у Тора насупились тучею:
— А! Это ты, друг Визил?

Слова не держишь. Напрасно! — И молотом
В яйца его он огрел.
Тело Визила покрылося холодом,
Пал он и тут околел.

— Асы! здорово! Свершил поручение:
Вот вам огромный котел, —
С речью такою, окончив сражение,
Тор в заседанье вошел.

— А, громовержец! — так Локи ответствует. —
Знать, нет Визила в дому?
Видно, на ловле медведей свирепствует
Он? Не дивлюсь я тому...

Молча котел Тор вручивши приспешнику
(Кто его знает, взял где?),
Грозно взглянул — и в лицо пересмешнику
Бросил гиганта муде.

## ГРОЗА

Уже голубится пыль, вздымаясь до небес.
Качаясь и треща, шумит и стонет лес;

Обрывки облаков несутся, словно птицы,
Померкнул солнца луч, и день как ночью тмится.

Вот, почернев, река как бы в котле кипит —
Еще мгновение — и буря зашумит.

Полнеба охватив гигантскими руками,
Летит, несомая незримыми крылами!

С огнем и грохотом, и в дикой красоте,
Над жалкою землей в небесной высоте —

Чреватая дождем, широко грудь напуча,
Молниеносная, чернеющая туча;

В туманном воздухе кружится дольний прах;
Все дышет ужасом, везде боязнь и страх!

Сверкнула молния блистательным зигзагом
И — разразилася над глинистым оврагом.

Что за величие! Какая красота!
Однако мысль моя не этим занята.

Застигнутый в лесу, в овраге преглубоком,
Ищу убежища испуганным я оком!

От страху, знаете, мне захотелось срать,
Нет удержу совсем. Что за ебена мать?

Но мирной пасеки курень я вижу вскоре:
И высрался я там отлично на просторе —

Укрытый от дождя, не внемля тем громам,
Потом я закурил и папироску там —

И, растянувшися на сене, на примосте,
Не чувствуя к грозе теперь уж прежней злости, —

Довольный я мечтал... Хозяин куреня,
Вдруг отворивши дверь, так и застал меня.

Увидевши говно, мне указал икону;
Ну, думаю, задаст теперь он мне трезвону...

Но все окончилось полтинником одним.
И то уж хорошо; не жалко мне, черт с ним.

Из случая того я, право, в затрудненье,
Какое вывести теперь нравоученье.

Читатель! в том с меня примера не бери
И никогда в чужой ты хате не сери.

## ВОПРОСЫ

*Рондо*

Видали ль вы такого серуна,
Который бы, посравши, не взглянул
На кучку теплую еще говна,
Что только что с отрадой навернул,
Видали ль вы?

Случалось ли в прогулках на селе
Наткнуться сзади огорода
На серуна, когда природа
Готова утонуть была во мгле,
Случалось ли?

Встречали ль вы нередко в городах
На тротуарах у забора
Знакомца давнего для взора,
Говно в спиралях, в кренделях,
Встречали ль вы?

Вздохнули ль вы, как, облегчив живот,
Возились вы уже с штанами,
Увидевши, что свинка уж жует
Говно, извергнутое вами,
Вздохнули ль вы?

## ГОВНОЧИСТ

Что б это значило? ночью по городу
Поздно я ехал домой:
Вдруг повстречал я какую-то бороду,
Должно быть, сам домовой.

Сбоку тележка какая-то катится,
Кляча в нее впряжена,
Вспомнишь — теперь еще страшно как гадится,
Так уж смердела она.

Прежде хоть ночью по городу пыльному
Воздух на диво был чист;
Видно, причиной зловонию сильному
Стал мужичок-говночист.

Едет — кругом на пространство далекое
Тучею носится смрад.
В городе ж тихо, молчанье глубокое.
Выехал я невпопад.

## НА ЗАРЕ

На заре ты ее не буди:
На заре от нее так смердит,
Пот струится у ней по груди,
Между ляжек по складкам катит;
Зев разинув, селедкой манда
Так и пышет теперь у нея,
На краях же пизды завсегда
Позасохла заебин струя.
И подушка ее горяча,
И тяжел перерывистый сон,
И рубашка, скользнувши с плеча,
Грудь открыла с обеих сторон.
А вчера ведь она ввечеру
На перине под пологом тут
Раз пятнадцать вступала в игру,
Что учтивее свайкой зовут, —
И чем ярче блистала луна,
И чем чаще ебалися с ней,
Холодней поддавала она,
Утомляясь сильней и сильней.
Оттого на раскрытой груди,
На ланитах пот лужей стоит,
Не буди ж ты ее, не буди,
На заре она сильно смердит.

## ХУЕРИК

Чтобы нынче зайти
И тебя поети,
Дай словечко!
Знаю я, что пизда
У тебя завсегда
Как колечко.

Уж ебать так ебать,
Даром хуя марать
Не пристало,
Чтоб запыхалась блядь
И совсем поддавать
Перестала.

Чтоб раз десять воды
Напилась и елды
Не хотела,
Чтобы, жопой вертя
И пыхтя и кряхтя,
Запердела.

Чтоб трещали края,
Елдачина ж моя
Пировала,
Чтоб надолго затем
Еться женщинам всем
Заказала.

С первого чтоб раза
Лезли рогом глаза
От угару,
Чтоб прошиб градом пот
От работы, хлопот
И от жару.

Заболело луно,
От заебин оно
Запотело.
Баста! хочется спать.
До свиданья! И блядь
Захрапела.

Черт с тобою! усни!
Сладко после ебни
Будет спаться.
Но смотри, в другой раз
Не пришлось бы подчас
И усраться.

А наутро — беда!
От колечка елда
Покраснела:
Получил хуерик,
Но к нему я привык,
Что за дело?

И затем, рад не рад,
Пью миндальный оршад,
Ожидая
Дня, как хуй залечу
И пред еблей хвачу
Сиволдая.

## ТЕТРАДКА И БЗДУН

*Аполог*

Тетрадку эту я бздуну давал для чтенья,
Он возвратил ее почти что через час,
И что же? От нее смердит, что нет терпенья:
Дурное завсегда знакомство губит нас.

Такому я Амфитриону
Подчас, слезая с рундука,
Загну, не глядя на персону,
Всегда сквозь зубы ебука.
В элементарном ученьи,
Когда бы власть к тому имел,
Такое я нравоученье
Поставить во главе велел:
«Комфортом дорожить умея,
Не забывай, ебена мать!
Хороший нужник — не затея,
И должен всяк удобно срать».
И если скажут нелогична
Моя заметка — не беда,
Зато она гигиенична
И не наделает вреда.
Зато читатель беспристрастный,
Тетрадку эту прочитав,
Под вечер осенью ненастной,
Быть может, мой похвалит нрав.
Такая лестная надежда
Меня сильнее вдохновит,
Пускай презрением невежда
Мой труд посильный заклеймит.
Не знаю, кстати иль некстати,
Но много мыслей новых тут,
Еще боящихся печати,
Я свету отдаю на суд.

Иди ж, любимое созданье
Моей скучающей мечты,
Среди бездействия, страданья
И жизни этой пустоты.
Благословенье в путь широкий
Тебе я от души даю;
Быть может, время недалеко,
Иные песни я спою.
Прощай! Последний взор бросаю
И книжку эту закрываю.

## ВМЕСТО ЭПИЛОГА

Гостеприимством, хлебосольством
Издавна славится русак;
Готов делиться он довольством
И в обхождении простак;
Дитя теперешнего века,
Комфорт ему уже знаком,
Но редко встретишь человека,
Который бы удобный дом
Имел, к тому имея средства.
Не всякий может рассчитать,
Какие истекают бедства
Из неудобства, где посрать.
На что мне роскошь кабинета,
На что изысканный обед,
На что вся обстановка эта
И даже искренний привет?
Когда, поев, меня прислужник,
Во фраке, при часах, завит,
В преотвратительнейший нужник
Ведет... О, как уж я сердит!
И тут еще и так случалось,
Что даже нужно подождать:
Там дама срать уже собралась —
Как не сказать ебену мать?
Людей что больше занимает?
Ведь нечего греха таить:
Блажен, кто вкусно ест, ебает,
Здоров и может покутить;
В науках удовлетворенье
Я жажде знаний нахожу,
Изящное произведенье
В душе с отрадой обсужу;
Но эти наслажденья духа
Имеют цену лишь тогда,

## УСТАМИ НАРОДА

Когда мое довольно брюхо,
Удобно срать могу когда.
Да. Нужник дело не пустое.
Кому приятна вонь говна?
А если в жопу дует, вдвое
Моя душа возмущена.

## СОДЕРЖАНИЕ

**НАШИ СОВРЕМЕННИКИ**

**Евгений Булкин**
Лука Мудищев XX века. *Поэма* ..................... 5

**Владимир Ефимов**
Городской дрочила .......................................... 92
Входите, тетя! .................................................. 93
В снегу ............................................................. 95
Говняный сон .................................................. 96
Домашний ебарь ............................................. 98
Утренний член ............................................... 100
Ночная жопа ................................................. 102
Лесная трагедия ........................................... 103
Последнее чириканье задницы .................... 104
Осенняя жопа ............................................... 105
Пиписа — разрушитель ............................... 106
Хуерики из скверика .................................... 107
Новая репка .................................................. 108
Сельская поебень ......................................... 109
Домашняя поебень ....................................... 110
Большое говно .............................................. 111
У деревни Плюхалы ..................................... 112
Вождь Большое Рыло ................................... 114
Пердовая восточная легенда ....................... 116
«В одной деревне маленькой...» .................. 117
«Яйца чешет леший...» ................................. 118
«Охуенно большой крокодил...» ................... 119
«Как у нашего балкона...» ............................. 120
«Мандушечка елдушечку...» ........................ 121
«Бабушка-кряхтушка...» ............................... 122
«Хихикали две девушки...» .......................... 123
«Маленькая мушка...» ................................... 124
«Мечтают мышки...» ..................................... 125
«Сидел я у окошечка...» ............................... 126
«Пизда сидела на заборе...» ........................ 127
«Прилетела тетя муха...» ............................. 128
«Мне нежно гладит уши...» .......................... 129
«Маленький гондончик...» ............................ 130
Сладенький дяденька .................................. 131
Лесбияночка .................................................. 133

| | |
|---|---|
| Тарарайка | 134 |
| Моя золотая пизда | 135 |
| Мальчик Сашенька | 136 |
| Минетчица | 137 |
| Начало и мочало | 138 |

### *Похождения поручика Ржевского*

| | |
|---|---|
| Юность поручика Ржевского | 139 |
| Поручик Ржевский на балу | 140 |
| Свидание поручика Ржевского | 142 |
| Песня поручика Ржевского | 143 |
| Старость поручика Ржевского | 145 |
| Последние дни поручика Ржевского | 146 |

### *Похождения Еблако Ебаридзе*

| | |
|---|---|
| Конец жопочной невинности | 147 |
| Мадам сучечка | 149 |
| Дева юная | 150 |
| Теплый ваш мандук | 151 |
| Тринадцать жоп | 152 |
| Раком лучше | 153 |
| Преступление в восточном дворике | 155 |
| Али-Баба | 157 |
| Пять сексуальных комедий из жизни прелестнейшей леди | 158 |

## КЛАССИКИ

### *Между друзьями*
*Смешные и пикантные шутки домашних поэтов России*

| | |
|---|---|
| Элегия. *Подражание древним* | 165 |
| Ночлег. *Новелла* | 167 |
| Батрак. *Новелла* | 169 |
| Воля. *Новелла* | 171 |
| Обет. *Басня* | 173 |
| Корнет. *Новелла* | 175 |
| Экспромт на заданные рифмы | 180 |
| На бале. *Новелла* | 181 |
| Четыре времени года | 185 |
| Разносчик. *Новелла* | 189 |
| Неудача. *Новелла* | 190 |
| Патриот | 191 |

| | |
|---|---|
| Цирульник. *Новелла* | 192 |
| В гостиной. *Новелла* | 194 |
| Родня. *Новелла* | 195 |
| Самодур. *Новелла* | 196 |
| Волки. *Новелла* | 198 |
| Диво. *Новелла* | 204 |
| Зарубки. *Новелла* | 205 |
| Китайское предание | 206 |
| Домик в уездном городе Н. | 218 |
| Немец. *Новелла* | 221 |
| Хуй и поп. *Сказка* | 223 |
| Исповедь. *Новелла* | 227 |
| Две сестры | 228 |
| Ромодановский. *Новелла* | 230 |
| Проститутка | 231 |
| Неустрашимость. *Новелла* | 234 |
| В деревне. *Новелла* | 236 |
| Мушки. *Новелла* | 238 |
| Цыган. *Новелла* | 247 |
| Две жопы. *Новелла* | 249 |
| Прогулка | 251 |
| Поклоны. *Новелла* | 253 |
| В степи | 255 |
| Зима | 257 |
| Тоска | 258 |
| Загадка. *Акростих* | 259 |
| Акростих | 260 |
| Дифирамб | 261 |
| Совет | 266 |
| Гаданье. *Новелла* | 267 |
| Шесть акростихов | 268 |
| В борделе. *Новелла* | 270 |
| Сранье. *Ода* | 271 |
| Песня | 274 |
| Пердеж | 276 |
| Хуй. *Ода* | 279 |
| Антон Шутов. *Баллада* | 295 |
| Жук и Стрекоза. *Басня* | 300 |
| Наслаждение | 302 |
| Пизда. *Ода* | 303 |
| Необыкновенная история | 307 |
| Блядь | 314 |
| Кучка говна | 316 |
| Песня серуна | 317 |

| | |
|---|---|
| Говно. *Ода* | 318 |
| Понос | 321 |
| Рецепт | 323 |
| Напрасное участие | 324 |
| Семен. *Истинная биография* | 325 |
| Утро | 331 |
| Жопа | 333 |
| Бздун. *Баллада* | 334 |
| Ебака | 335 |
| В саду. *Новелла* | 337 |
| Драка | 339 |
| Разговор хуя с сапогом. *Басня* | 343 |
| Обосранные подштанники. *Аполог* | 346 |
| Весна | 347 |
| Киргизская легенда | 349 |
| Песня | 356 |
| Скандинавская сага | 358 |
| Гроза | 368 |
| Вопросы. *Рондо* | 370 |
| Говночист | 371 |
| На заре | 372 |
| Хуерик | 373 |
| Тетрадка и бздун. *Аполог* | 375 |
| Вместо эпилога | 377 |

# СТРАДАЛЕЦ ЖИЗНИ ПОЛОВОЙ

Составитель *Татьяна Васильевна Ахметова*

Редактор *А. Сергеев*
Художественный редактор *И. Солодов*
Технический редактор *Е. Крылова*
Корректор *Л. Топорова*

Изд. лиц. ЛР № 040020 от 07.02.97 г.
Подписано в печать с готовых диапозитивов 22.03.2000.
Формат 84х108 $^1/_{32}$. Бумага газетная. Печать офсетная.
Гарнитура «Таймс». Усл.печ.л. 20,16.
Тираж 8000 экз. Заказ № 1556.
Издательство «Колокол-пресс»
113184, г. Москва, ул. Пятницкая, д. 52, стр. 1
Отпечатано с готовых диапозитивов в государственном
издательско-полиграфическом предприятии «Зауралье».
640627, г. Курган, ул. К. Маркса, 106.

УДК 882
ББК 84(2Рос-Рус)6-44

А26 **Страдалец жизни половой:** Озорные стихи/Сост. Т.В. Ахметова. — М.: Колокол-пресс, 2000. — 382 с.

ISBN 5-7117-0395-1

Эта книга подарит читателям много веселых минут, ведь в ней собраны озорные, фривольные стихи великих русских поэтов и не уступающих им в остроумии наших современников.